谨以此书献给

铁人王进喜诞辰九十周年

1205 钻井队建队六十周年

中国石油的发展史，是一代代石油人的创业史、奋斗史和奉献史，也是一部不断丰富和传承大庆精神铁人精神、榜样辈出的群英史。从"铁人"王进喜，到"大庆新铁人"李新民，他们带领1205钻井队把"石油梦"融入"中国梦"，实现了从追梦到圆梦的历史性跨越。他们那种"爱国、创业、求实、奉献"的精神薪火相传，成为百万石油人继往开来的不竭动力。

——题记

石油老照片

《石油老照片》编委会 编

石油工业出版社

图书在版编目（CIP）数据

石油老照片. 3 /《石油老照片》编委会编.
北京：石油工业出版社，2013.10
ISBN 978-7-5021-9816-9

Ⅰ. 石…
Ⅱ. 石…
Ⅲ. 石油工业 – 工业史 – 中国 – 摄影集
Ⅳ. F426.22-64

中国版本图书馆CIP数据核字（2013）第235372号

出版发行：石油工业出版社
　　　　　（北京安定门外安华里2区1号　100011）
　　　　　网址：www.petropub.com.cn
　　　　　编辑部：（010）64266875　发行部：（010）64523620
经　　销：全国新华书店
印　　刷：北京中石油彩色印刷有限责任公司

2013年10月第1版　2013年10月第1次印刷
787×1092毫米　开本：1/16　印张：19.5　插页：3
字数：234千字

定价：58.00元
（如出现印装质量问题，我社发行部负责调换）
版权所有，翻印必究

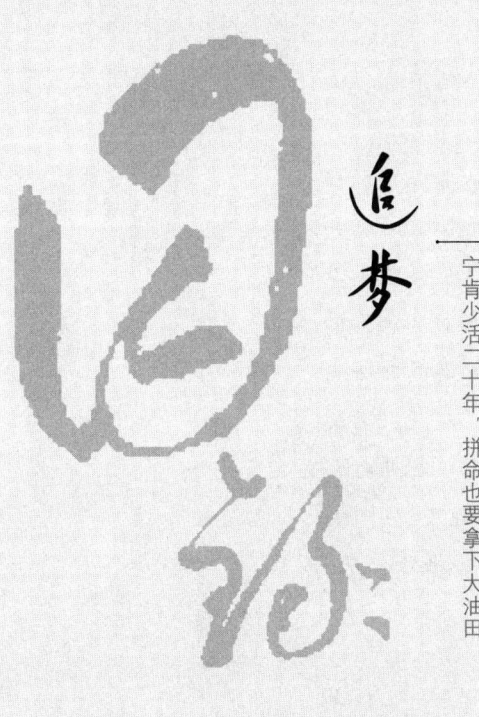

追梦

宁肯少活二十年，拼命也要拿下大油田

王进喜，一个响彻神州大地的名字；铁人精神，一面工业战线的光辉旗帜。铁人以"为祖国分忧、为民族争气"的爱国主义精神；为"早日把中国石油落后的帽子甩到太平洋里去"，"宁肯少活二十年，拼命也要拿下大油田"的忘我拼搏精神；干事业"有条件要上，没有条件创造条件也要上"的艰苦奋斗精神；"要为油田负责一辈子"，"干工作要经得起子孙万代检查"，对工作精益求精，为革命"练一身硬功夫、真本事"的科学求实精神；不计名利，不计报酬，埋头苦干的"老黄牛"精神，等等，铸就了一代石油人"我为祖国献石油"的梦想……

宁肯少活二十年　拼命也要拿下大油田	3
学铁人　做铁人	40
患难之处见真情	44
最难忘的是铁人	48
同志　挚友	52
他们眼中的铁人	56
王进喜的严师——郭孟和	90
铁人之最	93
影视剧中的铁人形象	107
老物件	114

圆梦

把井打到国外去

精神之火不熄，奋斗脚步不止。铁人老队长的铮铮铁骨，1205钻井队的辉煌历史，激励着1205钻井队第18任队长李新民时时处处学铁人、做铁人。李新民以"宁肯历尽千难万险，也要为祖国献石油"的忘我精神、"有第一就争，见红旗就扛"的高昂斗志和科学创新的务实态度，胸怀报国之志，追逐"石油梦"。他带领队员终于实现了铁人老队长"把井打到国外去"的夙愿，在海外打出了"中国速度"，叫响了"中国品牌"。为中国石油成功建成"海外大庆"做出了突出贡献。

宁肯历尽千难万险　也要为祖国献石油	139
跟着新民队长去追梦	143
幸福的守望	148
托起中国梦的时代脊梁	152
"把井打到国外去"	156
1205钻井队的硬汉们	170
9开9完，向党的90华诞献大礼	215
零的"突破"	218
战"虎口"	221
铁汉柔情	223
1205钻井队轶趣事	235
一把扳手"砸出"安全新规章	251
"国际监督"走进铁人队	254
清关创纪录	258

国外"收徒"	261
井场就是办公室	263
来自苏丹的电话	265
铁人旗帜海外飘扬	268
"要拿雇员当兄弟"	276
第一次在海外过年	278
功勋井	281
"如果这口井我干不成,一分钱也不要你的"	284
把危险留给自己	286
"焊"将门前弄焊工	288
种西瓜	292
1205 钻井队荣誉榜	294
后记	303

追梦

拿下大油田
拼命也要
二十年
宁肯少活

王进喜，一个响彻神州大地的名字；铁人精神，一面工业战线的光辉旗帜。铁人以"为祖国分忧、为民族争气"的爱国主义精神；为"早日把中国石油落后的帽子甩到太平洋里去"，"宁肯少活二十年，拼命也要拿下大油田"的忘我拼搏精神；干事业"有条件要上，没有条件创造条件也要上"的艰苦奋斗精神；"要为油田负责一辈子"，"干工作要经得起子孙万代检查"，对工作精益求精，为革命"练一身硬功夫、真本事"的科学求实精神；不计名利，不计报酬，埋头苦干的"老黄牛"精神，等等，铸就了一代石油人"我为祖国献石油"的梦想……

宁肯少活二十年
拼命也要拿下大油田

（王进喜）

  我在新中国成立前，连玉门都没有出去过。新中国成立初期，思想觉悟很低，眼光很浅，"井底的蛤蟆只看见碗大的一块天"，只知有碗饭吃，要为党好好工作。经过党的培养教育，我参加了中国共产党。在党和毛主席的教育下，阶级觉悟逐渐提高，为党做了一些工作，党却给了很大荣誉。我出席过甘肃省劳模会和全国"群英会"，并到全国各地参观学习，眼界扩大了，脑袋瓜也开阔了不少，知道了国内外许多事情。

  1960年3月从玉门到大庆，我是带着一股子气去的。新中国刚成立时，我觉得玉门油矿很大，出油很多，以后

◎ 王进喜故居。1923年10月8日，王进喜出生于甘肃省玉门县赤金堡，6岁跟着父亲讨饭，9岁同父亲出劳役，10岁给地主放牛。

◎ 王进喜母亲何占信（1896—1970年）

◎ 放牛娃王进喜（画）

◎ 王进喜在玉门石油沟打井

◎ 王进喜的师傅郭孟和是玉门油矿第一个入党、第一个成为全国工业战线的劳动模范、第一个被提拔为大队长的石油工人

听说外国人说我们国家是"贫油国",我很生气。我就不相信,石油光埋在他们的地底下,我们国家这么大的地方,就没有油?外国人还说我们"笨",我就不相信,天底下只有你外国人聪明?站起来的中国工人阶级,在党和毛主席的领导下,是最聪明的。毛主席教导我们要发奋图强、自力更生。我想光生气不行,还得干,我们一定要找到更多的大油田,多打井,快打井,打好井,多出油,同帝国主义较量较量。

1959年底,我到北京开会,看到大街上跑的汽车,有的背着个包,我就问别人:"这上边装那个家伙干什么?"人家说那是因为没有汽油,烧的煤气,我一听心里真难受,真急人呀!我们这么个大国,汽车没有汽油烧还

◎ 当上司钻的王进喜在钻台上

◎ 1956年当队长后，王进喜（右）在井场和战友们合影

◎ 1960年3月15日，王进喜钻井队离开玉门油田赴大庆参加石油会战

◎ 1960年3月25日，王进喜带领1205钻井队（当时称1262队）到达萨尔图火车站

◎ 1959年10月至11月，全国工交"群英会"在北京召开。玉门油矿代表王进喜（左4）和薛国邦（左1）、孙德福（左2）、张云清（左3）等在交谈

◎ 1959年，全国工交"群英会"期间，王进喜和会议代表参观时看到北京背煤气包的公交车后心情非常沉重

得了！我是一个石油工人，眼看没有油，让国家作这么大的难还有脸问！再没问！一到休息的时候，我就悄悄地躲在一边，心里很别扭，又憋了一股气。我是个石油工人，难道就眼看着让外国看我们的笑话？就在这个会议期间，听说我国发现个大油田，我高兴得都跳了起来，当时就找部里领导，申请到这个新油田工作。那时恨不得一下子飞到大庆，把大油田拿下来，给外国看看，把石油落后帽子甩到太平洋里去。毛主席讲："占人类总数四分之一的中国人从此站立起来了。"站起来的中国人民是天不怕、地不怕，不怕鬼、不信邪的硬汉子，非要拿下个大大的油田，为党、为中国人民争这口气不可。开完会回到玉门后，又听说有些国家想用石油卡我们的脖子，想叫我们交出红旗，我们能够这么办吗？绝对不能！我们要靠毛主席思想赶快拿下这个新油田，给党争光，给人民争气。

我们队 37 个人立即坐火车动身去大庆。在火车上我就和大家一起学《为人民服务》和《愚公移山》，学完就讨论为什么参加会战。有的同志说："去打井搞油！"我说："这话也对，也不完全对。"我说我们是去革命！有些国家在石油上卡我们，国家没有石油多困难啊！我们一定拿下这个大油田，甩掉石油落后帽子，为全国人民争口气。

我深深体会到：我是打井的人，打井没有压力，就是豆腐地层也钻不进去。泥浆泵没有压力，地下岩屑就带不上来。井没有压力，就喷不出油来；人要没有压力就轻飘飘地过去了，就干不出好工作来。有了压力，干出来的工作，就是高水平、高标准的，经得起子孙万代的检查。

这压力，不是哪个领导给的压力，是我们中国工人阶级自觉自愿的压力。一个革命者，要有责任心，对党负责，对国家负责，对子孙万代负责，对全世界劳动人民负责,就应该有压力。没有油,国家有压力,我们要自觉地分担这个压力。一般的压力还不够,要承担一百吨的压力,一千吨的压力。

到了大庆,那股子高兴劲,使我这个从来没有流过眼泪的人,都高兴得流了泪。我激动地说:"这儿就是大油海,这儿就是大油田,摆开战场、甩开钻机干吧!这一下子,可要把石油落后帽子,扔到太平洋里去了!"

我们当天就奔向目的地。没有房子,就找个破马棚,三堵破墙四面透风,里面满是马粪,我们打扫了一下,三十几个人挤在一起背靠背地过了一夜。有几个人挤得受不住,就抱了一包草,半夜里摸黑找个夹道去睡。第二天醒来一看,还是睡在一口水井边上,地下铺的是冰。这时,有个别的同志就没精神,唉声叹气,说:"这个地方能打井吗?冰天雪地的没个锅碗盆勺,连个住的地方都没有。"我想这个工人也是个好工人,来的时候,他几次举拳头,表示要到最艰苦的地方去,现在他动摇了。又一想,这里的确是艰苦,不是一般的艰苦,这个新社会长大的青年人,根本没有想到有这么艰苦。但是,不管多艰苦,拿油要紧。于是我就问指导员:"你当了几年解放军,打仗时遇到这么多困难怎么办?是上还是退?"

"我没有打过仗,我想怎么也不能退。"指导员孙永臣说,"绝对不能退!剩下一个人也要上!要顶着上,直到胜利为止。"好,我们两个人的想法一样。我们就带着这个问题学毛主席著作。毛主席说:"中国的革命是伟大的,但革命以后的路程更长,工作更伟大,更艰苦。"搞油是野外打井,不能把井架安在楼房里,安在城市里,过去是这样,现在是这样,今后还是这样,这是工作性质所确定的。现在我们少数人的吃苦,能换来多数人的幸福,换来子孙万代的幸福。这就是我们石油工人最大的幸福。

我认为怕不怕艰苦奋斗,是革命不革命的问题,如果

◎ 王进喜学习毛主席著作

◎ 1205 钻井队到达大庆油田后住过的旧马棚

不艰苦奋斗，就要贪图享受，就要变质，打几个漂亮仗是不难的，要是做一辈子艰苦的事情，就要不断学习毛主席著作，不断改造自己才能办到。

钻机没到，我们派人去车站打听钻机什么时候到，有的人平井场，做准备。我所关心的是这个地方地层好打不好打，钻井速度快不快。毛主席教导我们："没有调查就没有发言权。"所以我就到处了解地层情况和钻井速度，并且组织全队学习《实践论》和《矛盾论》。越学心里越明亮，大家说：拿下大油田，一定会碰到许许多多的困难，还会有这样那样的矛盾。但是，石油满足不了国家的需要，才是最大的矛盾。这个矛盾不解决，帝国主义就会利用这个缺口，卡我们，封锁我们。上，有困难；不上，就更困难。出路只有一条，就是坚决战胜困难，高速度、

◎ 1960年4月29日，大庆石油会战万人誓师大会在萨尔图广场召开

高水平地拿下大油田。大家都把井场当成跟帝国主义比量的战场。每个人的岗位,就是为党、为国家、为人民争光的岗位。为了多打井,多出油,刀山也要上,火海也要下,只要为了党的事业,个人的生命算什么?

没多久,钻机运到车站。那时,"快摆硬上",来了那么多井队,吊车、拖拉机不够用。怎么办?是等,还是上?我想起毛主席的教导:"我们是为着解决困难去工作、去斗争的。"是的,革命,就有困难,有困难就有斗争,这不是看戏,不是下馆子,打井就是革命。国家缺油,就要拿出油来,搞油就有困难,不去斗争,要我们共产党员干什么?我们马上开了支委会,组织大家学《愚公移山》,发动大家讨论怎么办?同志们说:干革命不能等,有条件上,没有条件创造条件也要上,人拉肩扛也要把钻机弄到井场。

◎ 王进喜在万人誓师大会上

◎ 王进喜与队员一起人拉肩扛运钻井设备

◎ 人拉肩扛运钻机

◎ 为了早日开钻,大庆职工凿冰取水来解决钻井用水

◎ 王进喜(拎桶者)带领职工群众端水打井

大家一个个像小老虎，硬是用绳子拉，撬杠撬，木块垫，一寸一寸、一尺一尺地把60多吨的钻机拉到井场安装好。

开钻打井得有水。当时，水管线没安好，水罐车又没有，怎么办？好多人说，没有水，我们就是用脸盆端也得开钻。这时候，有个人说："你们见过哪个国家是端水打井的？"我说："就是我们国家！我们就是尿尿也要打井！"就这样，用大桶、小桶、脸盆硬是端了100多吨水，才开了钻。

开钻不久，又遇到漏层。大伙说，漏多少，端多少。把村子里水井的水端干了，我们就跑到一里多地的水泡子，砸冰取水。终于战胜了漏层，用六天多的时间，打成了第一口井。当我们看到哗哗喷出的石油，大家都高兴起来。通过实践，我深深体会到：和自然作斗争就不能怕困难，困难是欺软怕硬，你的思想是硬的，它就要变成豆腐，你要软，它就硬。

◎ 王进喜（左）的腿被钻杆打伤后仍坚持工作

打完第一口井要放井架搬家，没有拖拉机，我们全体职工硬是想办法，用人拉放井架。在指挥放井架时，一根钻杆滚下来把我的腿砸坏了，我昏过去了，醒来一看，工人抱着我的腿哭，井架还没放下来。我急了，就说："打仗时伤了人，你哭，敌人把你们都活捉去，能哭吗？"我就坐起来继续指挥放，工人就把衬衣撕下来给我包住。井架放下来，大家劝我住院，我不去。这天是4月29日，战区召开万人大会，我说："这是第一次万人大会，不去怎么了解大会精神，又怎么能多打井，快打井，打好井？是腿要紧，还是出油要紧？"并和大家说好，谁也不准给领导讲，大家给找了个马车，把我送去了。

万人大会上，石油部领导表扬了我们，给我披红戴花，让骑大马，叫我讲话，还号召全体职工向我学习。向我学啥啊，我们才打了一口井，还是部领导亲自领着我们全体职工干的，没有党的领导，没有全体职工，我能干个啥？我心里感到不安。万人大会上部里提出：尽快拿下大油田，"六一"把原油运出去，坚决要打个大胜仗。我听了这个号召后，忘了腿痛，当晚赶回队去，就和大家讨论怎么办。大伙说：下一口井是战区第一口生产井，要力争把我们打的第一口井的原油运出去，支援全国建设。干工作光有一股子干劲猛冲猛打是不够的，三国有个张飞，他还粗中有细嘛！我们立即总结打第一口井的经验，给打第二口井提办法。

腿坏的事，以后领导还是知道了，对我非常关怀，硬是把我送到医院。在医院里怎么能躺得住呀！万人大会上领导的号召，全国人民都在眼巴巴地看着我们，我还在住院，这怎么行？我就偷着溜回，参加打第二口井。我挂着棍，在井上指挥。不久终于打成了战区第一口生产井，保证了"六一"原油外运，支援全国建设。

1961年2月成立大队，我当了大队长。不久，领导

石油老照片

追梦·圆梦

18

◎ 王进喜披红戴花骑大马，接受检阅和祝贺

◎ 大庆石油会战的"五面红旗"，右起王进喜、马德仁、段兴枝、薛国邦、朱洪昌

◎ 王进喜在"学铁人"现场会上作报告

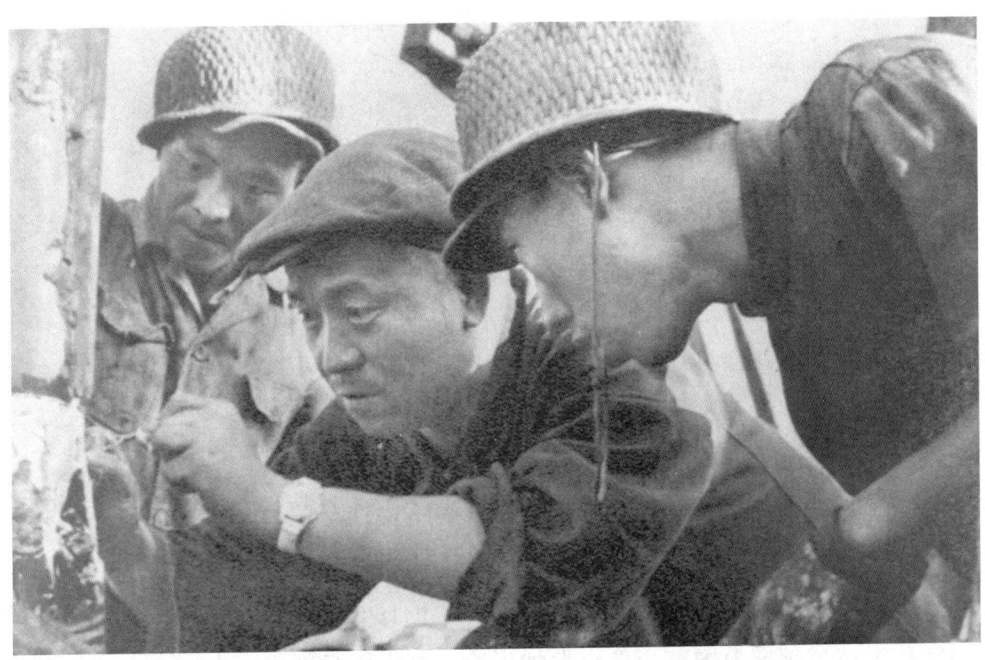

◎ 1960年夏,王进喜(中)带领1205钻井队创造了四开四完、五开五完的好成绩

石油老照片

追梦·圆梦

◎ 1961年2月，王进喜被任命为钻井二大队大队长

指示我们转移到南线去打井，这时矛盾出来了。有个队的干部找我说："我给你提个意见，你一来就在北线打井，还不知道南线压力高，容易井喷，倒霉的井都在南线，我们可不能去啊！"我说："你说的，我们国家就是要打喷的井，把原油喷得哗哗的，多好啊！为什么怕它喷呢？"经过我们调查，这不是一个人的问题，是代表一部分人的思想。党总支召开会议经过讨论分析认为，有的队对南线地层不太了解，没在南线打过井，怕井喷，怕井斜，是认识不清楚，一定要先解决思想认识问题，决定开展大讨论：国家打井干什么？要打什么样的井？要不要打有压力的井？谁去打？经过大讨论，使职工提高了认识，鼓起了敢于斗争、敢于胜利的信心。工人们说："怕什么啊！我们党和毛主席领导中国革命，小米加步枪，打出了个新中

国,南线高压层有什么可怕的呢!"这一年打成了90多口井。

1962年以前规定井斜不超过5度。1963年会战工委又提出更高标准,不超过3度。工委领导同志问我:"拥护不拥护?"我说:"坚决拥护,依靠党,依靠全体职工,按毛主席的《实践论》去干。"回来我们就组织全体职工学《实践论》。按毛主席实践再实践的教导,我们坚决走自己的道路。工委领导亲自组织我们钻井队的全体职工讨论。同时组织一部分技术干部和老工人三结合,一边摸索着干,一边总结经验。我们边实践边找办法。最后,打成了只有两度多的直井,以后又打出只有半度的直井。

这次打直井对我教育很深。这是在工委的直接领导下,使全体职工知道了打直井的意义,掌握了地层和设备的规律,所以打得又好又快。我过去打了不少的井,有的井打得好,也打过斜井。为什么?主要是没注意政治工作,没抓人的思想,首先是我的思想歪了,所以,才打出了斜井。要打直井首先我们脑瓜子里要有个直井。要有高度的政治责任心;脑子里没有个直井,一辈子也打不出直井来。

1965年,工委又提出高标准,要打"三一"优质井(一天、一个钻头、打一千米)。有的井队又不敢打,有些人怕丢掉标杆队。我说:"我打。我就不怕摸老虎屁股。干革命就不能怕担风险,还没干就吓回来了,那还行!"这时,另外一个队也打"三一"优质井。两个队并排打,我一面打,一面把发现的问题告诉他们。结果,那个队打成功了,我把井打斜了八度。我在会上向大家检查说,井打斜了是我的责任,不算大家的事,你们的责任,就是帮助找原因。最后总结出八条经验,连续打出六口"三一"优质井。

通过在大庆几年会战,我深深体会到,毛主席怎么

◎ 王进喜（右2）和钻井工人一起读测斜卡片，研究测斜技术　　◎ 王进喜（前左1）与队友一起研究钻头

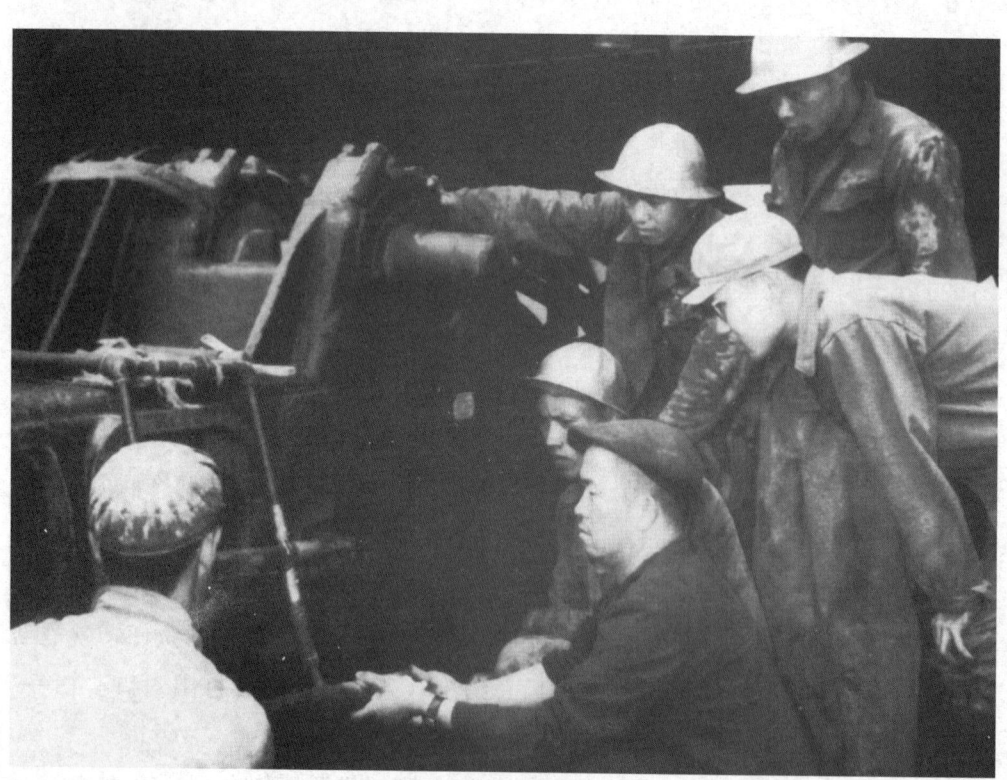

◎ 为打好高压井，制服"气老虎"，王进喜和工人改进泥浆泵

讲，就怎么做，什么困难都能克服。克服困难，首先要有克服困难的信心和决心。不能光看到困难，也要看到成绩，看到有利条件。克服困难光嘴上说不行，要研究困难，想办法解决困难，去做工作才行。克服一个困难，就增加一份革命信心。

干革命不仅要与天斗、与地斗，还要与人的错误思想斗。一个人想什么，也得有个规格，有些事情是不能想的，有些事情是可以开阔地去想。要想，就要想怎么拿下大油田，想这么多困难怎么克服，想我们给全国每个人多少石油，想社会主义建设。

有一个青年工人，是我喜爱的徒弟，有一段经不起考验，闹情绪要回玉门。我就把他找来严厉地对他说："你还记得你刚到玉门是个什么样子吗？穿条裤子露着腿，穿件衣服露着肚子，一双鞋补了又补有几斤重，你忘了吗？我可没忘，我也穿过几斤重的鞋。现在你身上穿着毛衣，床上铺着缎子被，这些都是怎么来的？都是党给的，毛主席给的。"说得他直哭，他承认错误说："我错了，你说咋办哩？"我说："好好干，我们苦，顶多是多出两身汗，少睡一点觉。你看我们的革命前辈，那么大的年纪还跑到草原上来吃苦，为什么？我们应该好好想一想，向老前辈学习。"

热爱党、热爱毛主席、热爱社会主义。不能站在房子里热爱，不能光举拳头热爱，不能在口头上热爱，要干事。我们是打井的，把井打出来，把油拿出来，才能真正地热爱，不干就等于瞎说。热爱要永远热爱下去，就必须永远老老实实干下去。

有一次打完进尺，射孔层位固定不下来，耽误十几个小时。射不了孔，就搬不了家。那时井多人少，新地层，一时也难定下来。我赶紧跑到地质指挥所，问他们是怎么搞的。有个同志说："你干什么的？"我说："我干什么

石油老照片

追梦·圆梦

◎ 王进喜（左）向机关干部学习文化

◎ 王进喜记录的生产情况

◎ 王进喜学过的毛泽东著作和用过的笔记本

◎ 王进喜在学习

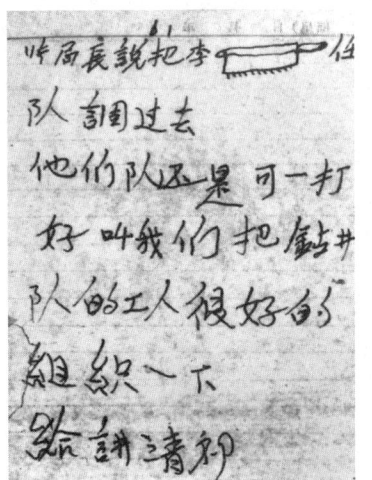 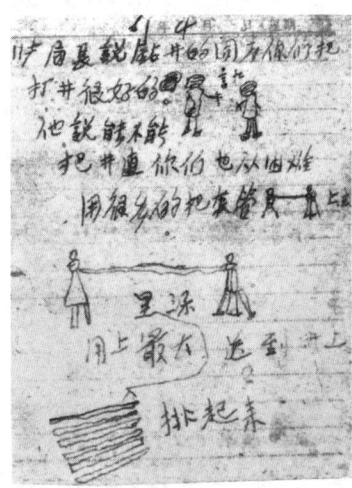

◎ 王进喜用字加画的办法写的打井经验和工作安排

◎ 王进喜的话

◎ 王进喜（左）与技术人员一起研究怎样提高钻井质量

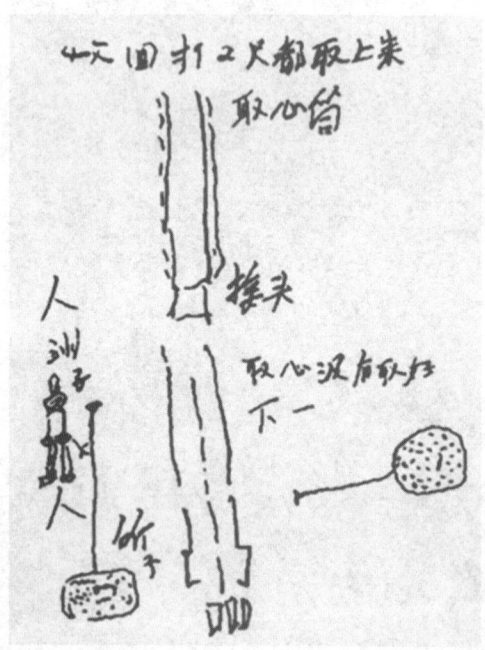

◎ 王进喜画的工作示意图

◎ 王进喜学习《矛盾论》和《实践论》

◎ 王进喜的话

的?我就是找你们麻烦的!你们确定不下来,射不了孔,搬不了家,耽误多大事呀!"有人劝我说:"不要着急,顶多耽误一会儿打井。"我一听就觉得不对味,怎么能说这样的话呢!少打一口井,和帝国主义、反动派斗争就少一份力量。我就跳起来说:"为什么让我耽误一会儿打井.为什么不让我多打两口井?你有什么理由?"越说越生气,我往桌子上一坐说:"晚上我不回去,你们什么时候确定,我爬起来就走。"

1205是我原来所在的那个队,从玉门到大庆,是连续七年的标杆队。1963年全国经济形势好转,井队干部说:"标杆,标杆,要蒸出白馒头给人看看,进尺上不去,不像个标杆样子。"背上骄傲包袱,就放松了政治,忽视了思想工作。结果有的工人听说猪肉值钱,就想回家养猪,说养猪比干钻工强;有的工人离开岗位去看电影。队上有名的"小老虎"变成了"小老鼠",事故接连发生,着了一把火,打废了一口井,造成很大损失,上半年就丢了"标杆"。这时干部才清醒过来,坐下来搞了一个半月的整训,总结教训。干部检查说:"那时,干部一心只想'扛红旗'多打井,只管自己扛着小红旗朝前跑,出现了那么多问题还不知道,真危险啊!"

工人的问题是干部的问题,下面的问题是领导的问题,一切问题是思想问题。1205队的问题,是我大队长的问题,是我忽视了政治,在思想上放松了领导,认为像1205钻井队这些先进队,在1960年、1961年和1962年那么困难的时候,都是抢山头的队伍,拖不垮,打不烂,现在好转了,还会有什么问题!所以抓得就没有以前那么紧,去得就少了一点。这样一忽视,走了个大弯路。我到队上去检讨了三天。在工委的关怀下,在钻井党委的领导下,井队职工通过这次整训,进一步提高认识,进一步树立不为钱、不为名、不怕苦、不怕死的革命人生观。"小老鼠"

又变成"小老虎"。上半年找到教训，下半年加强政治工作，结果是打一口井，成一口井，口口井合格，一直地上来了，1964年和1965年又成为标杆队。通过这次教训我进一步地认识到，任何艰巨任务不可怕，任何艰苦环境也不可怕，忽视政治领导最可怕。政治是灵魂，绝对忽视不得。

思想斗争一点也不能放过，要斗争一辈子，斗到底，斗到停止呼吸的时候算。也有的人劝过我说："你不要见事就管，见事就说，刚强是非多呀！马马虎虎，睁一个眼闭一个眼算了！"我问他："你从哪里学来的谬论啊？为什么刚强就是非多？"他说："刚强到处惹人不爱。你见事就说，怎么了得！"我说："党叫我到这里来干什么？我为什么不说？按党的指示，应该说的我都说，应该干的我都要干！我要斗争一辈子，斗到底。为了党，为了革命，我有什么可怕的。"

毛主席教导我们说："工作就是斗争。我们是为着解决困难去工作、去斗争的。"在大庆通过六年会战我深深地体会到，一个革命者的一生，就是战斗的一生，就是克服困难的一生，要艰苦奋斗一辈子，要斗争一辈子。斗争就是与天斗，与地斗，与人的错误思想斗。要永远斗下去，我们斗不完，叫下一代再斗，直到斗出个共产主义来。

我所以能为党、为人民做些工作，这全是党的教导和毛主席思想的指引。在旧社会我六岁拉着棍子领着双目失明的父亲干活。1938年玉门油矿一成立，我就被拉去当民夫。干了10年，受苦卖命，没捞到一套铺盖，铺的是一摊麦草，盖的是一张烂羊皮。没上过钻台，没摸过刹把。新中国成立后，经过民主改革，反封建把头，诉了苦，提高了觉悟。是党救了我，翻了身，当了国家主人，还培养我当了副司钻，那时我只想好好学技术，为党好好工作，报答党的恩情。

入黨志願書

自己雖然从15岁起就大脱离了农村来到石油工人队伍做队伍做了中虽有二十年的工龄,但仍没有彻底摆脱浓厚的自私利己思想,在工作中为个人利益又顾别人的损失,更由于自己脾气的暴躁,缺乏工人阶级的热情工作的动力,故而在工作中存在粗枝大叶闹独立现象,不愿意学文化技术,对别人的意见和批评又不虚心的接受,由于又不能很好的克服自己的这些缺点,更没有关心政治的学习,因此在解放这些长期中,对党认识不够,政治水平和觉悟很低,长期的思想了自己的思想上觉悟,今天没有积极要求加入到自己亲爱的工人阶级的组织队中来的感到十分的惭愧惭愧和着愧。

现在的深刻体会到党对我们的培养是多么重要的,使我真正体会到党是劳动人民最亲爱的,处处是为人民求解放某福利的,我们的每个穷苦人民能过着幸福生活,只有靠着伟大的共产党的领导,只有像母亲一样的爱护我们母亲我们党的要明领导下才能使我们穷苦难的人民有今天幸福日子。这都深刻的教育了我,使我对党有了更进一步的认识,增添了我对党的无比热爱情,我要在党的教育下,改正自己的缺点,提高自己的政治水平,搞好工作和学习,以最热忱的心情,改怎的坚决要求加入光荣的共产党,誓愿作一个祖国和人民的可靠的好儿子,为祖国,献出我最宝贵的力量,坚决为共产主义事业奋斗到底。因而的感到党章觉悟遵守党的纪律和执行决议,积极做好党的工作并缴纳党费。

申請人簽字：王进喜 （印）　　1956年6月18日

◎ 王进喜的入党志愿书

追梦 宁肯少活二十年 拼命也要拿下大油田

◎ 铁人王进喜

以后，我入了党，在党的不断教育下，阶级觉悟又有不断提。知道了世界上现在还有好多像我母亲那样，在旧社会被保甲打了又打的人；还有好多像我父亲那样，受地主打骂欺压反被关进大牢的人；还有好多像我那样讨饭、失业、受剥削、受压迫的人。共产党员是国际主义者。我是一个共产党员，现在打井，是为了祖国富强，也是为了支援世界上那些求解放闹革命的人。认识到以前那种单纯报恩思想是低水平的。懂得打井就是革命，打井就是和反动派打仗，打井就是为了全世界被压迫的人民得解放。

在党的培养下我由一个普通工人，当了干部，从井队长、大队长，到现在的副指挥。一个共产党员不能说水平低不干啊！这是党的信任。我总想我是个钻工，当了干部还是钻工，要永远参加劳动。毛主席教导我们要当"孺子牛"。我从小放过牛，最摸牛的脾气，牛吃草，马吃料，牛的享受最少，出力最大，所以，还是当一头"老黄牛"最好。我甘愿在石油战线上，为党、为人民艰苦奋斗一辈子，当一辈子"老黄牛"。

怎么样才算艰苦奋斗？以前认为共产党员只要吃苦在前，享受在后，多干活，少睡觉，就是艰苦奋斗。在会战期间，一些老首长的艰苦奋斗精神，深深教育着我。我想他们职位那么高，年龄那么大，为国家搞油，来大庆和大家一起吃苦，为什么？学了毛主席著作，我明白了"夺取全国胜利，这只是万里长征走完了第一步。""中国革命是伟大的，但革命以后的路程更长，工作更伟大，更艰苦。"革命先辈艰苦奋斗，英勇牺牲夺政权，万里长征才走完第一步。而现在在社会主义革命和社会主义建设时期，他们为了实现共产主义还在继续艰苦奋斗。我也是一个共产党员，不敢干的革命工作。艰苦奋斗是党的性质定了的，为了实现共产主义，就要艰苦奋斗一辈子。更主要的是教育青年要艰苦奋斗，把党的光荣传统世世代代传下去。

1964年党中央表扬我们。我就和同志们大学两分法，毛主席教导我们"虚心使人进步，骄傲使人落后"。我就想，搞好工作是党指的路，叫我们走的；没走好，出了问题，领导把责任承担去，干出点成绩就大力表扬，这成绩要记在党的账上，记在毛主席的账上，记在中国人民的账上，我只能有个小本子记差距。所以，我就和同志们到三矿四队去学习严细作风，回来针对我们的井场大找差距，找出"脏"、"松"、"漏"不完全和不整齐的大量差距，紧接着就找原因，主要是老毛病旧习惯造成的。我们就和老毛病斗争。

有一次，我到井场检查工作，一眼看到一个工人擦机器用手抓油，然后将满手的油又擦在衣服上。我觉得这是个坏作风，应该改掉，就批评这个工人。这个工人说："我第一天到井场，看见师傅就是这样做的。"我就把他师傅找来，批评他没有带好徒弟。这个师傅说："当初我学徒的时候，看见你也是这样做的。"追来追去追到我的头上来了，我就向工人作检查，我说："我这是十多年前的老毛病，现在已经改掉了，你们千万别跟我学这种坏作风。"以后，我就随时注意克服自己的老习惯、老毛病。这样的事还多着呢！我只是举个小例子。要想有个好作风，首先是言教身带，先严格要求自己，再要求别人。

表扬和批评都是推动我们前进的力量，不能受了表扬，把功劳记在自己账上，沾沾自喜，翘起尾巴；也不能受了批评就垂头丧气，甚至有意见。

我以前工作不讲方式，批评人有些硬，有的同志对我有意见，我还想不通。学了毛主席著作思想提高了。毛主席说："脸是应该经常洗的，不洗也就会灰尘满面。"自己一个脑瓜子看不到缺点，大家那么多脑瓜子看得清楚，脸上有黑，别人给你擦掉有什么不好啊？领导和同志们批评

◎ 王进喜和队友在一起

◎ 王进喜（右）在井队和工人谈心

◎ 王进喜（前）活跃在工人中间

◎ 王进喜（右）对干部和工人，有了缺点就批评，有了进步就鼓励

追梦 宁肯少活二十年 拼命也要拿下大油田

◎ 1969年4月，党的第九次全国代表大会上，毛泽东主席、周恩来总理接见王进喜

北京见到毛主席
浑身是劲精神抖
满怀豪情干革命
永生永世不回头

◎ 王进喜见到毛主席后写的诗

◎ 1964年10月17日，邓小平同志再次视察大庆时，在井场同铁人王进喜交谈

得对也好，不对也好，我应该首先检查自己，严格要求自己。工作究竟干好了没有？干对了没有？干得不好、不对，就要接受意见，坚决改正。

1961年我们射孔错了。领导在一次会上批评我们。我晚去了一会儿，刚到门口，有个工人就对我说："赶紧趴下、趴下！"我说："趴下干什么？"他说："领导正在批评我们呢！"我说："你这个同志说的，我戴红花的时候，你让我抢着往前头走，批评了，就叫我悄悄地趴下当狗熊？我不能当这个狗熊！"我就是要到前面去，更好地听听领导的批评。

我深深体会到，毛主席思想是力量的源泉，是一切胜利的根本。毛主席的思想多一分，人的志气就增加一分，生产就前进一步。只要努力学习毛主席著作，按毛主席的

石油老照片

追梦·圆梦

38

◎ 铁人王进喜

指示办事，自己不骄不躁，艰苦奋斗，一切困难可以克服，一切矛盾都可以解决，工作就可以搞好。

我平生最难忘的就是见过我们伟大的领袖毛主席。1959年我见过毛主席，1964年参加全国人民代表大会时，又看见了毛主席，兴奋得我直流热泪。我这个在旧社会放牛的穷汉，是党和毛主席使我站了起来，当了国家主人；是党和毛主席教育我成长壮大，给了我无穷的力量和智慧；是党和毛主席给我指引了大道，使我有了方向不断前进。我为党只是做了一点应做的事，党却给我很高很高的评价。这荣誉应归于党、归于毛主席。我做得还很不够，表扬是给我提出了更高的要求，今后要更好地为党工作。

第三个五年计划开始了，党和全国人民向我们石油工人提出了更高的要求。我们要更加加紧学习毛主席著作，加深队伍的革命化。要继续艰苦奋斗，继续走自力更生的道路，把油田建设得更好。

（摘自王进喜1966年在全国工业交通工作会议和全国工业交通政治工作扩大会议上的发言，题目为编者所加）

学铁人　做铁人

——余秋里回忆王进喜

　　1960年4月上旬的一天，在1205钻井队蹲点帮助工作的干部向玉门局会战队伍领导小组负责人宋振明同志汇报了王进喜的事迹和老乡的反映，宋振明同志向我汇报玉门油田参战队伍情况时，专门汇报了这件事。王进喜的事迹，引起了我高度的重视。我从参加革命斗争的经历中认

◎ 1958年，到克拉玛依参加现场会。余秋里、康世恩为贝乌5队授旗，王进喜代表全队领奖

识到，生产斗争和军事斗争，都是人民群众的事业。人民群众中蕴藏着巨大的积极性和创造力。只要有了正确的政治方向，正确的理论指导，又有鲜明的、活生生的榜样，并与一定的物质技术力量相结合，这种积极性和创造力就可以发挥出来，能够战胜一切困难，创造出丰功伟业。

王进喜是大会战中涌现出来的先进典型，大会战最需要的就是那种不怕艰难困苦、顽强奋斗的革命精神。我当即对宋振明同志说：好！这是一个好典型，我们就借用老百姓形象而生动的语言，叫他王"铁人"。我们要发挥活榜样的作用，在全战区宣传他的事迹，号召大家向他学习。通过学铁人，提倡和发扬艰苦创业的革命精神，培养和锻炼能打硬仗的队伍，更好地把会战打上去。

为了更好地宣传王铁人的模范事迹，我特地派《战报》的几位同志去 1205 钻井队，调查核实王进喜的事迹。在 4 月份召开的大庆第一次技术座谈会上，正式提出，要

◎ 王进喜（左1）忘我拼搏深深感动了房东赵大娘，赵大娘动情地说："王队长真是个铁人啊"

学习铁人王进喜，人人做铁人。从此，铁人的名字就在全战区叫开了，学铁人运动随之在全战区展开。

1960年4月29日，在萨尔图召开的"石油大会战万人誓师大会"上，大张旗鼓地表彰了1205钻井队等17个"一级红旗"单位，突出地宣传了铁人王进喜。会前，我告诉三探区同志，要像当年解放区欢送参军的子弟兵和表彰英雄模范那样，给王铁人为代表的标兵模范披红戴花、骑高头大马。三探区同志从红色草原牧场借来了枣红大马，请来当地的吹鼓手奏乐。誓师大会快结束时，王进喜骑马披红，胸前挂着大红花，由本单位领导牵马，在唢呐锣鼓声中，进入会场。这时，我走到扩音器前，带头高呼："向铁人学习！人人做铁人！"全场群情激动，欢呼声、口号声此起彼伏，场面十分热烈。王铁人被拥上主席

◎ 大庆石油会战时期树起王、马、段、薛、朱"五面红旗"

台,他激动地说:"去年,我在北京出席'群英会',看到公共汽车上面背着煤气包,就像一把钢刀插进了我的心。我们一定要把这块大地钻穿钻遍,让石油多喷猛喷,把我国石油工业落后的帽子扔到太平洋去!""宁肯少活二十年,拼命也要拿下大油田!""今后党指向哪里,我就干到哪里!"王铁人的话,表达了几万会战职工的决心。

随着石油大会战的正式展开,随着学习"两论"的深入发展,一个学铁人、赶铁人、高速度、高水平拿下大油田的群众性大竞赛,在全战区广泛深入地开展起来。大会战造就了铁人,大会战需要铁人式的战士;铁人的出现,学铁人运动的开展,又进一步推动了大会战。

在学铁人、做铁人的运动中,"有条件要上,没有条件创造条件也要上"的口号,更加深入人心,它成了学铁人的一项重要内容,有力地克服了等、靠、要的消极情绪。

(摘编自《余秋里回忆录》,人民出版社,2011年7月第1版)

石油老照片 追梦·圆梦

患难之处见真情

——康世恩与王进喜轶事

　　1970年春天，正在玉门油田开会的铁人王进喜突然发生了强烈的胃痉挛，各种止痛措施都用上了毫不见效，一种不祥之兆使大夫们预感到了什么，他们建议立即送北京检查治疗。

　　住进医院不久，确诊是胃癌，而且已经到了晚期。

　　铁人王进喜似乎对自己的病也觉察到了点什么，在生命的最后时刻，他很想见到康世恩。

◎"六一"首车原油外运时，石油工业部副部长、大庆石油会战指挥部指挥康世恩（左）和铁人王进喜一起冒雨参加剪彩典礼

他托人带话给正在江汉会战的康世恩。

听到这个消息后，康世恩一下子懵了，他几乎不相信自己的耳朵，可消息不容置疑。

王进喜虽然是一名普通的钻进工人成长起来的干部，但和康世恩却有着深厚的感情，是对石油事业的那种眷恋和追求，使他们成为无话不谈，相知很深的挚友。

王进喜有胃病，康世恩很早就知道。他曾多次提出要王进喜到北京查一查，可王进喜总是在忙，一直没有顾上。康世恩给他带过药，找过偏方，每逢开会，看到王进喜吃饭，他总叮嘱身边的工作人员："去，到厨房说一声，给老铁下碗热面条，多放些辣子和醋。"

王进喜到北京开会，睡不惯钢丝床，在地毯上打地铺，康世恩知道后与他逗乐："你这个老铁，连睡觉都不会享福，只知道睡你们河西走廊的大土炕最好。"话虽这么说，他却记下了这事，只要有条件，他总是叮嘱工作人员："给老铁换张木板床。"

得知王进喜病情后，康世恩很懊悔，一连串责怪自己太粗心，没有早些把老铁拖到医院去检查。他放下手头的工作，坐到桌前提起笔来给王进喜写信。

7月下旬，康世恩回到北京的第二天，就带着妻子杨华甫和焦力人、张文彬等人一起赶到301医院。

一进病房，王进喜忽地一下从床上跳下来，跨上前去与康世恩拥抱，因为激动，两个人的眼睛都有些湿润。

王进喜拉过康世恩的手放到自己的腹部："康部长，你们看，我的肚子像不像小牛的肚子？"

康世恩知道这是晚期胃癌引起的肝腹水，他强忍着心头的酸楚，安慰他说："老铁，没事的，你要挺得住。我们要组织专家对你的病也来一次'治疗会战'，你要全力配合，慢慢就会好起来的。"

康世恩仔细的问过王进喜的病情，连喜欢吃什么都问到了,当听说医务人员照顾得很好时,他说:"那就好,那就放心了。"

随后,他们几个人开怀畅谈,由玉门解放,说到大庆石油会战,又谈到石油工业的未来,一件件难忘的事使他们谈的那样热烈而投入,甚至连午饭都忘了吃。

第二天,康世恩特意要医院请来四位专家,为王进喜全面进行了诊断。但是,结果是沉重的,胃癌晚期,只能维持治疗,再无他法。康世恩知道后,心情格外难受。

思虑了许久,他还是拨通了周总理的电话,将这个不好的消息告诉了总理。他了解周总理和王进喜也有着不同寻常的感情。

共和国的总理,放下手中繁忙的公务,于百忙中专门抽时间到医院看望了王进喜,是康世恩陪总理去的。那一刻,老铁激动得热泪盈眶,握住总理的手久久不放。

返回江汉时,康世恩鼓励王进喜说:"老铁,你一直是坚强的,这次你也要挺得住。一定要像当年拿下大油田那样,立壮志,坚决和病魔进行斗争,再创一个奇迹!"他拉住王进喜的手,一遍遍地说,"老铁,石油工业的大发展还有更重要的事等着你去做!"

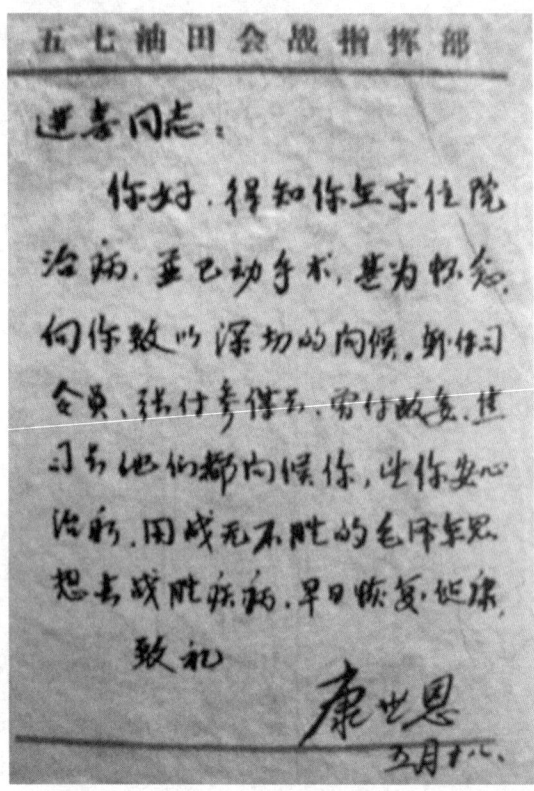

◎ 王进喜胃病复发住进了中国人民解放军301医院后,康世恩写给王进喜的信

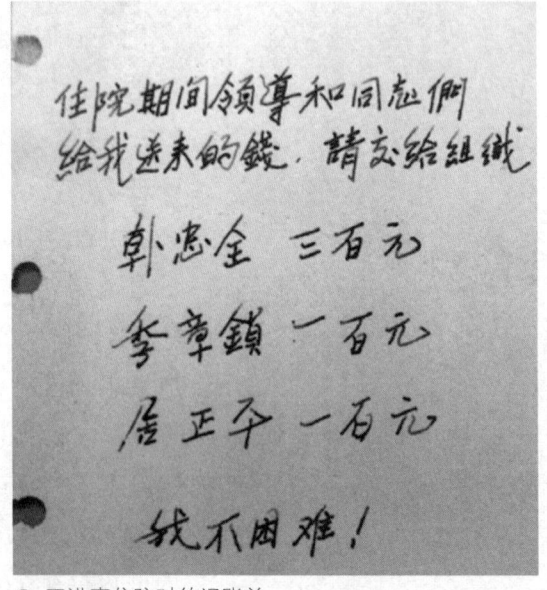

◎ 王进喜住院时的记账单

谁知道这一别竟成了永别。

同年10月17日,接到王进喜病危的消息,康世恩又赶回北京,他期待着在王进喜的弥留之际,能同他再握一次手,再说一句话。谁知,一下火车,到火车站接站的人就告诉他:"'铁人'已经过世了……"

康世恩一下子愣住了,随即眼圈红了起来,他马上吩咐司机直接去301医院。一路上,康世恩自言自语沉痛地说:"老铁,你走得太快,走得太早了,你才47岁,英雄正当年啊!"

说着说着,忍不住流下热流。一连几日,康世恩心情沉重,只要提起王进喜,他总是痛心疾首地说:"'铁人'说过,为了拿下大油田,宁肯少活20年。如今大油田拿下了,可'铁人'真的少活了20年。他的去世,是石油工业的一个大损失啊!"

(摘编自《康世恩传》,当代中国出版社,1998年10月第1版)

最难忘的是铁人

——焦力人谈铁人

（刘 仁）

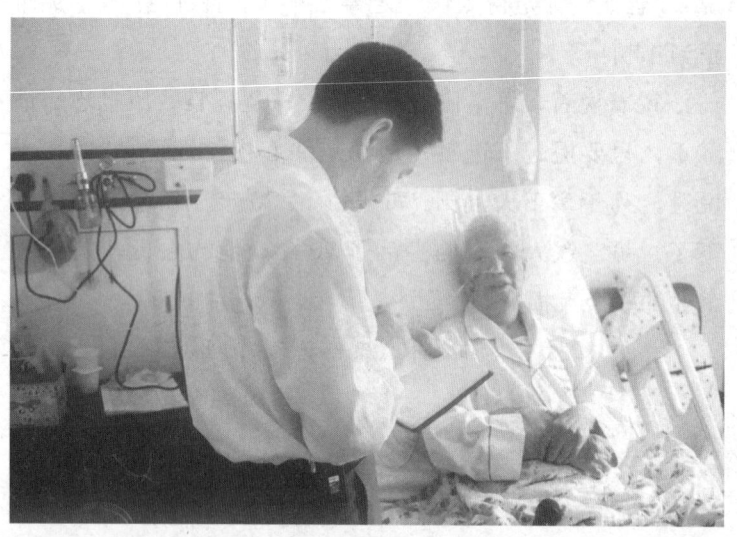

◎ 刘仁（左）采访原石油工业部副部长焦力人（右）

  1991年8月6日，铁人纪念馆刚刚试开馆一个月零六天，焦力人副部长就来到这里。老领导给我的第一印象就是平和、朴素，不事张扬。仔细地看过展览之后，也没有发表什么高谈阔论。作为玉门油田的老领导，他对铁人的成长过程可以说了如指掌，并且凝聚着他的大量心血。铁人"玉门关上立标杆"首创全国钻井纪录时，老领导早已是玉门矿务局的局长了。但在整个参观过程中，他只字未提自己与铁人的关系，更没有炫耀培养铁人的过程。我们请求老领导题词留念时，他凝神静思了一会儿，便写下了"王进喜同志是我国工人阶级的杰出代表，它是工人的时候,关心国家大事;他担任了领导职务,永不脱离群众,我们都应当向他学习。"他书写的时候,神情特别专注,一笔不苟,全篇无一字潦草。工整的楷书,力透纸背,字字浸透着对铁人的深情。

1995年9月25日,适逢大庆油田发现35周年之际,焦力人副部长与原石油工业部的其他老领导再次来到纪念馆。待到参观结束时,大庆市、大庆石油管理局领导建议老领导们题词,大家一致推举焦力人副部长先写。老领导这次题写的是:"铁人精神代代传"。七个大字,表达了这位石油老战士的殷殷期盼。

◎ 原石油工业部副部长焦力人题词

2005年9月26日，恰逢大庆油田发现45周年纪念日，我和大庆油田历史陈列馆筹建组的战怀敬、韩冰同志在北京协和医院高干病房620房间看望并采访了正在住院治疗的焦力人副部长。

见老领导如此虚弱，简单几句问候之后，我赶紧切入正题。我问的第一个问题是：您在大庆工作了四年，最难忘的是什么？老领导略微思索一下，说道："最难忘的是铁人！"一句话，让我顿时感到铁人在他心中的地位和分量。喘了一口气后，他接着说："铁人这个人，有他的特点，他还是工人时，对国家、对集体、对社会主义建设非常重视；可是，他当了干部以后，对广大职工非常关心，尽心尽力为职工办实事。铁人在精神上使人佩服的就是这一点。"

这时，老领导说话比较吃力，休息一下后老领导接着说："铁人虽是老工人，但他的思想很先进；技术很先进，对世界的先进技术接受的快。"停顿了一下，他回忆起从玉门刚来大庆时，王进喜带了三样东西，就是美国造的钻杆、卡瓦和大钳。因为它很轻，又实用、耐用，所以铁人把它带到了大庆，在钻井中发挥了重要作用。后来，铁人还请求机械工业部给石油行业制造和调拨先进设备。休息片刻后，老领导一字一句地告诉我们："铁人和我个人关系是朋友关系。"他说："1970年，我调江汉油田，铁人到江汉慰问，那次我和铁人一起住了十几天。当时我害病了，他也病了，到北京看病。他是西北人，爱吃羊肉泡馍。我去看他，就让我的家属给他搞了一碗羊肉泡馍带给他吃。我回江汉时，他在自己重病的情况下，还偷偷到车站送我，使我非常感动。"老领导还谈起了在大庆"二号院"工作时，有时吃到"凉皮子"不忘给铁人留一点儿，让他来吃。

现在，每当我打开当年的采访笔记，反复品味焦力人副部长说的"铁人和我个人关系是朋友关系"这句话,又想到李敬副部长也是把铁人当成同志、挚友;我还听李人俊副部长的女儿李莹讲过,余秋里部长也曾把铁人请到家里,让他给石油工业部领导的子女讲大庆石油会战故事;我也从陈烈民副部长的口中得知,康世恩每到大庆,必找铁人谈话。从这些人的叙述中,我真切地了解到这些高级领导干部也都把铁人当成可以信赖的朋友,就像钻井工人说的那样:"铁人是我们的真朋友。"这就说明,从上到下,从高级干部到普通工人,都把铁人看成是真朋友。之所以如此,就是因为"铁人是真人!"用张文彬副部长的话说"铁人人格高尚"。

考虑到老领导的身体状况,我们不忍心多打扰。随即取出题词册页,请他为大庆油田历史陈列馆题词留念。接过我递过去的自来水毛笔,老领导稍微思索了一下,题写了"铁人精神,石油之魂"。

大力弘扬铁人精神是老领导后半生的夙愿。在2004年5月21日第二届"中华铁人文学奖"颁奖大会上,老领导深情地谈到:"作为铁人的战友,我深知铁人精神是石油石化人最大的财富,是我们工人阶级无私奉献精神的结晶,尤其是在市场经济的今天,铁人精神更加珍贵、更放光辉、内涵更加丰富。弘扬铁人精神就是弘扬先进文化,就是弘扬民族精神。因此,我希望通过铁人文学奖的一届届评奖活动,使铁人精神能一代代传下去。"由此,我们不难看出,老领导在不同时期、不同的场合,一以贯之地强调弘扬铁人精神,希望铁人精神世代传承的良苦用心和殷殷至嘱。其言至善,其情至笃。

(摘自《走近铁人》)

同志 挚友
——李敬谈铁人

（刘 仁）

◎ 原石油工业部副部长李敬

早在20世纪90年代初期，我就读到了李敬副部长怀念王进喜的一篇文章，其中谈到："1952年秋季，我随石油师转业到玉门。当时，铁人是井队钻工。对于他的能干，在还未见面之前就已有所闻。初次相见，果然名不虚传。他对解救他脱离苦海的党和毛主席的一片忠心，他浑身上下那股似乎总也使不完的劲，以及他那西北人独有的粗犷豪爽的性格，给我留下了极其深刻的印象。后来，他被提为钻井队长，我任钻井大队长；到大庆后，我任钻井指挥时，他任钻井大队长；我任会战指挥时，他任钻井副指挥。随着工作的接触，我们过从渐密，情志愈投，终成挚友。"对于这样一位对铁人有过长期接触，并且身为铁人的老上级的领导，我一直很想见见他，当面讨教一些铁人的事。

1995年9月19日，大庆油田开发建设35周年，李敬和张文彬、焦力人等石油部老领导应邀来大庆参加纪念活动时，来到铁人纪念馆参观。应我们的请求，他题写了"弘扬铁人精神"六个楷书大字。

2000年10月14日，为了纪念铁人王进喜逝世30周年，充实纪念馆的陈列内容，我与《铁人传》的作者孙宝范、卢泽洲两位先生以及我们馆的小田同志专程来到位于北京六铺炕李敬副部长的寓所，登门拜访。

谈起铁人，老领导满怀深情地说："铁人同志过世距今已30年了，他生也千古，死也千古。他那感天动地，咤咤风云，令地球发抖的英雄气概和音容笑貌仍然铭记在我的心中。每每回忆起我们在一起工作、生活的情景，我都百感交集，肃然起敬。我为我们石油工人队伍中涌现出铁人这样的英雄模范人物而感到光荣。铁人风范永存，铁人精神光耀千秋！"

在简要地回顾了中国石油工业发展史和大庆油田开发建设史之后，老领导追忆了铁人在他印象中最深的两件事：

◎ 原石油工业部副部长李敬的日记

一件是铁人陪他挨批。老领导把思绪拉回到39年前，"那是1961年4月19日，大庆会战工委在油建礼堂召开千人反面事故大会。在这之前，我们钻井指挥部填掉了一口打斜了的新井。开会那天，我作为钻井指挥部的指挥上台作检查，总结教训，接受批评。当时康世恩部长（时任石油工业部副部长兼大庆石油会战指挥部总指挥）严厉地批评了我们，说我们是'贴金的马桶外面光，里面脏'，'抬着棺材进坟墓'，'是给国家造成重大损失的罪人'听着康部长的批评，我难受得很，深感自己失职，愧对党的信任。大家也都为造成的损失而感到痛心，许多同志都落了泪。没想到就在这时，铁人噌噌噌地从台下跑上台来，靠在我身边，陪着我挨批。会后，铁人又自责地对我说：'都是我们没把工作做好，让领导代我们受过，心里不是滋味。'他抹了把泪，接着说：'流这些咸水子有啥用？今后，你看我的。'话虽不多，但是让我感觉到彼此之间心心相印，肝胆相照。

　　再一件是落难中的探望。1970年3月，"文化大革命"尚未结束，李敬仍在江汉油田劳动改造。这时，已经担任中央委员的王进喜率领大庆学习慰问团，来到会战新区江汉油田。刚到油田招待所，铁人就急切地询问："李敬同志在那里？我要见他。"老领导回忆说："当时，我正在淘厕所，听到有人传唤，不知又有什么麻烦。哪承想，推门进去，迎上前来的竟是四年没见面的老铁！铁人紧紧抓住我的双手，握了又握，摇了又摇。我们都满含着泪水，好久说不出话来。铁人看我衣着破旧，心里什么都明白了。他鼓励我想开些，相信党，相信群众。还从衣兜里掏出一枚毛主席像章，给我戴在胸前。当时，我真是百感交集，因为我那时，还没有资格佩戴毛主席像章呀！铁人给我戴像章，说明他仍然把我当同志看哪！对我是很大的安慰。"谈到这儿，老领导几次哽咽着说不下去。待平静

纪念铁人王进喜诞辰80周年

英雄风范塞苍冥
一代铁人民族魂
铮铮铁骨昭青史
国强莫忘开拓人

二〇〇三年六月 李敬

◎ 李敬纪念铁人诞辰80周年题词

了一会儿，老领导深情地说："铁人的相知，铁人的深情，激起我万千感慨。从和铁人握别的时候起，我就盼望着再和铁人重逢。可万万没想到，江汉一别，竟成永诀！"听了老领导的话，我们也深深地为两位老同志、挚友的真情、真义所感动、感染。李敬副部长与铁人之间的情感绝不仅仅是个人之间的情感，共同的事业，共同的追求，共同的人生观、价值观、世界观把他们紧紧地联系在一起。他们不仅仅是情感上的相通与共融，而且是心灵上的，精神上的相通与共融。

访问老领导，让我们在他身上看到了铁人的影子，看到了铁人精神依然在他的身上闪光。

(摘自《走近铁人》)

他们眼中的铁人

老队长再苦再累也不怕

——周正荣谈铁人

（刘 仁）

◎ 铁人王进喜老战友周正荣

周正荣，这位曾被当年开发大庆油田时的探区指挥宋振明（后任石油工业部部长）称为"铁人的左膀右臂"的老师傅。1954年10月在玉门老君庙油矿参加工作，1955年1月8日分到贝乌5队当学徒工。同年3月，铁人王进喜调入该队，从此，周正荣就与王进喜并肩战斗在石油钻井一线，为祖国石油工业的崛起东征西战。他是20世纪50年代中期就与铁人朝夕相处，目前仍然在世的少数几位老同志之一。"大战白杨河"、"玉门关上立标杆"创月进尺5009米全国纪录、到大庆打第一口井等记载着铁人井队辉煌战果的史册上，页页都有周正荣的功勋。

我们来到位于大庆解放村1—15号楼周师傅的家拜访时，我们将大幅的"人拉肩扛"照片拿给老人家看。借着放大镜，他指着处在钻台上左边第一人，也就是编号为12号的那位手拉大绳者就是他本人。

凝望着这幅照片，周老深情地回忆起了与铁人来大庆会战的难忘岁月。"1960年3月底，我们1205钻井队（当时叫1262钻井队）的37个人在铁人老队长的带领下，自玉门来到了'青天一顶，草原一片'的大庆。4月2日钻机到了之后，为了尽早开钻打井，拿下大油田，在吊装设备不够用的情况下，我们不等不靠，硬是靠这种人拉肩扛的办法，把60多吨重、40余米高的井架和钻机安装就位，高高地竖立在大荒原上。那时，拉这台5吨多重的钻机主机上钻台时，我们的'虎口'都拉出了血，手背都攥肿了，嗓子轮番喊号都喊哑了，但谁也没有叫苦叫累。铁人老队长比我大14岁，人家都那么干，我们二十几岁就更没说的了。"说到铁人，老人家似乎有说不完的话。"刚来大庆时，条件比玉门还差，虽然已是3月份，但天气还相当冷，白天零下30多摄氏度，晚上有时达到零下40摄氏度。早晨起来，哈气成了霜，把枕巾都冻在了枕头上。那时粮食也不够吃，一天一斤苞谷面，不敢做干粮，每顿一人一碗糊糊粥。住地窝子、干打垒，睡觉可以看到天。由于天冷，肚子又饿，有的人早上就起不来了。面对这种情况，铁人老队长一边带头坚持打井，一边想方设法让钻工填饱肚子。他组织大家下班后挖野菜，没有菜篮子，就把雨衣、裤子的袖口和裤脚扎起来装曲麻菜、苋菜。回来洗巴洗巴，往大锅里一倒，再加上玉米面一搅和，每人就可以多分一、两碗。"

周师傅还谈到了铁人勤俭节约，受到余秋里部长夸奖

石油老照片

追梦·圆梦

的事。说的是1957年，在玉门打井，钻头少，一些井队常常停钻待料。可铁人他们队却一直坚持钻进。原来，铁人利用业余时间，带领钻工们多次跑到废料堆里捡废钻头，共捡了几百个。然后，用废柴油煮，用榔头砸，弄活了再继续用。余秋里部长听说后，对铁人说："全国的钻井队如果都像你们一样，我这个石油部长就好当喽！"

◎ 王进喜送给周正荣的笔记本

"1956年，铁人当队长后，我就在铁人手下当一班司钻。几十年来，我就是照着铁人老队长的样子，一步一步走过来的，再苦再累也不怕。在玉门大战白杨河时，我曾扶刹把八小时没下钻台，创造了班进尺270米的最高纪录。眼睛熬红了，腿站肿了，也不管他，照样坚持打钻。"受铁人深深影响的周师傅，大半生都在学铁人、做铁人。

周师傅在玉门时，就被医生查出患有肺病，但为了参加大庆石油会战，他一直没顾上深入检查和治疗。直到1964年3月，看到周正荣瘦得不像样子，铁人亲自带他到职工医院检查，结果肺结核已达到6级。铁人又为他联系转到呼兰结核病专科医院住院治疗。在呼兰医院，分别做了两次手术，拿掉了3根肋骨，割去了右侧肺的1/2，前后住院5个月才痊愈。出院后，为了照顾他的身体，组织上让他离开了钻井一线。

对于有着近50年工龄，为新中国石油工业的发展与铁人并肩走过来的周师傅目前的居住状况和工资待遇，曾有人为他鸣不平，说你老周也太亏了。可他却说："亏啥，没有后悔头。铁人都去世了，我们不还活着呢！党还养着我们嘛。"

（原载2003年2月21日《中国石油报》）

铁人干啥都不服输

——戴祝文谈铁人

（刘　仁）

◎ 铁人王进喜老战友戴祝文

与周正荣一起被宋振明并称为"铁人的左膀右臂"的人。并与周正荣同是甘肃武威人，又同于1954年10月同时在玉门油矿贝乌5队参加工作，1955年铁人调到贝乌5队工作后，就一直跟着铁人当学徒，与铁人并肩战斗。在铁人的言传身带下，戴祝文从钻工到副司钻，再到司钻，成为铁人手下的得力干将。

1960年3月，他跟随铁人来大庆参加石油大会战，与铁人一道度过了激情燃烧的岁月，创造了石油发展史上的奇迹。无论是20世纪50年代"玉门关上立标杆"，还是60年代来大庆"人拉肩扛安钻机"打第一口井等辉煌的时刻，戴祝文始终义无反顾地与铁人并肩战斗，谱写了可歌可泣的篇章。戴师傅虽然已于2003年2月4日因肝癌医治无效离开了我们，但他与铁人并肩战斗的身影却永远定格在许多书籍、画册和影视作品中。现在，人们看到铁人和他的队友们人拉肩扛安钻机的经典照片以及纪录片中，在钻台上挨着铁人，头上戴着绾着帽耳的狗皮帽子，躬身绷腿，紧拉大绳的第一个人就是戴师傅。

我第一次接触戴师傅，是在1992年青年节这天，在大庆的铁人老战友与辽河油田来的铁人老战友沈生寿齐聚铁人纪念馆，共同缅怀铁人。戴师傅，中等身材，头戴一顶蓝色旧前进帽，上身穿着早已褪了色的蓝色中山装，手里提着一个蓝色旧布袋。古铜色的脸庞，宽阔的额头，挺直的鼻梁，浓重的西北腔，说起话来声如铜钟，有时说到动情处，近乎于吼，那声调还真有点儿像铁人。就连抽烟，也和铁人一样，都抽旱烟。头一次见面，就给我留下了深刻的印象。从那以后，差不多每年我都请他来铁人纪念馆，或集体座谈、或单独讲述铁人的故事。

◎ 1992年，铁人老战友来铁人王进喜纪念馆参观合影

讲起铁人的故事，戴师傅更是滔滔不绝。他说，铁人是个急性子，性格倔强，干啥都不服输，总要赶在前头，争个第一。20世纪50年代后期，我们贝乌5队在王队长的带领下，从"豆腐队"进入了先进队的行列。但他总是瞄着更高的目标，还要和同是先进的贝乌4队拼着劲、摽着干。他经常激励我们：贝乌4队能打上去的井，我们也能打上去，他们是人，我们也是人，他们有两只眼睛、两只手，我们也有两只眼睛、两只手，都是小伙子，为什么打不上去呢？我就不相信，他们能从驴屁股上骑，我们也非从驴屁股上骑不可。干啥事必须要有坚定的决心，没有决心，啥也干不好。说着说着，戴师傅就情不自禁地从座位上站起来，随着语调的越来越高，手势也越来越有力，使在场的人无不受到感染和鼓舞，就像面对再生的铁人一样。

在1999年2月4日的"忆铁人茶话会"上，戴师傅曾讲到铁人善于学习，努力借鉴别人的经验。铁人的钻井技术，在玉门时就是出了名的，但是他从来不满足。刚到大庆会战打第一口井时，由于本队钻机没托运到，铁人就在安排好队里人员做好钻前其他准备工作的同时，每天天不亮，顾不上吃饭，就离开驻地马家窑到几千米、甚至十几千米外的地方，了解兄弟井队打井的情况。地层软硬情况、油层深度情况、泥浆比重、班进尺、日进尺等情况，他都问个到，了解得一清二楚。20世纪60年代的大庆，3月底的天气，依然寒气逼人，铁人风里来，雪里去，每天往返几十里路取经，为的是快打井、多打井。

在一次座谈会上，戴师傅还谈到了在马家窑打第一口井时，铁人是如何要求队员们与生产队社员处好关系的。戴师傅回忆说，还没到驻地，铁人就跟大家讲，我们要向解放军学习，住在老百姓家里，不能动人家一针一线。

为了进一步搞好与驻地社员的关系，在等待钻机的那

◎ 1999年，忆铁人茶话会

几天，铁人还组织钻工们帮助生产队铡草、刨粪、送粪，生产队长和社员们都很感动，积极支持我们打井。

　　18岁开始就与铁人在一起摸爬滚打，战天斗地，在大半生的岁月里，戴师傅深受铁人的影响。他一辈子学铁人、做铁人，身体力行地实践着铁人精神，传播着铁人精神。在玉门时，他就带领全班两次创下了班进尺102米、和112米的全国纪录。来大庆后，他多次被评为红旗手，先后担任1205钻井队副队长、钻井二大队保养站站长、大庆钻井研究所机械组副组长等职。还被评为钻井技师，后来又被晋升为工程师。

　　1992年到2002年，戴师傅怀着对铁人深厚的情感，克服了年龄大、文化低、记忆力衰退、病魔缠身等困难，终于写出了20万字的《铁人之路》，由黑龙江美术出版社正式出版。

戴师傅对铁人的感情是真挚而深沉的。每年铁人的诞辰日、忌日或清明节，戴师傅都主动联络老战友们，自发地来到铁人纪念馆，深切缅怀和祭奠铁人。2001年清明节，戴师傅提前到商店买来一大块红布，用毛笔亲笔写下了："铁人老队长，我们永远怀念您！"并召集1205钻井队在大庆的老战友都在上面签上名，集体送到铁人纪念馆。如今，这块不同寻常的签名横幅，已经被定为国家三级文物被纪念馆永久收藏。戴师傅生前还是铁人中学等学校的校外辅导员，他不仅经常到学校，而且还应邀到井队、社区、军营、机关宣讲铁人事迹。每到一地，人们都被他那真挚的情感、真实的故事、洪亮的声音所感染和激励。

戴师傅在用自己的实际行动践行着铁人精神，传播着铁人精神，他不愧为铁人的徒弟和战友。

（摘自《走近铁人》）

铁人精神激励我成长进步

——周占鳌谈铁人

（刘　仁）

周占鳌，在大庆油田几乎无人不知，无人不晓。1972年2月21日，《人民日报》曾以"一个工作认真的人——记大庆油田老工人周占鳌"为题，发表通讯，报道他的先进事迹，使他的名字传遍大江南北。

2004年10月21日，我们在周占鳌的家里拜访了这位"最讲认真的人"。

"您是大庆精神、铁人精神的忠实实践者和继承者，是咱们油田宝贵的财富。"听了我的开场白，周老立即纠正说："哪能那么说呢，最宝贵的财富还是我们铁人。"头

◎ "最讲认真的人"周占鳌

一句话，就让我感受到了铁人在他心目中的位置。

"我第一次见到铁人是 1958 年（那时'铁人'的称号还没有产生，但人们提起王进喜却习惯地称他为'铁人'），在玉门油矿的总结表彰会上。他戴着红花在台上，虽然离得远，看得不太清，但他在那次会上提出的口号：'钻透祁连山，战胜戈壁滩。快马加鞭进军吐鲁番，玉门关上立标杆'给我留下了很深的印象，现在还记得。"

接着他又谈起到大庆后与铁人在一起的情景。"1960 年 6 月，我来大庆后，我们战区一个学铁人、做铁人的活动已经开展起来了。形成了人人争先锋打头阵，谁也不甘落后的局面。当时，我们就想，铁人怎么想，我们就怎么想；铁人怎么干，我们就怎么干！"

与铁人近距离的接触，给周占鳌印象最深的有两点，周老追忆道："铁人很开朗。说话干啥的，总是乐呵呵的，有时还哼哼几句秦腔。见到人总是先说话，和人接触，爱拍肩膀。再就是铁人要求严。铁人跟我们说,我们来的这些人,我对你们要严格要求,纪律要严,作风要硬;要有大庆精神、大庆风貌、大庆形象。我们这些人当中,不能单独行动,不要随便逛街,不能因一个人毁坏了大庆的形象,做什么事都要想着大局,想着大庆,不能给大庆人丢人,也决不能给党中央、国务院和总理丢脸。"

"最后一次见铁人,是他病重在北京301医院住院时",周老神情凝重地说,"铁人刚开刀不久,当时一般人去探望,护士只让探视8分钟,我和油建的军代表去了,破例让我们谈了15分钟。我们到病房,铁人正躺着呢。见我们一去,他马上就坐起来了和我紧紧握手。他把衣服脱掉,让我看了他的刀口,从胸口一直到肚脐,长长的伤口还没长好,缝的线还看得非常真切。我关切地询问他的病情,可铁人却绕开这个话茬跟我们讲起了久积心头的话。'我过去打井,快打井,'文化大革命'说我捞资本,我是个工人,我捞什么资本?我们工人就要快打井,多打井,打好井。我们国家缺油,非常困难,我们作为石油工人,就是要用实际行动多干点活,我捞什么政治资本了!'他还说,'等我病好了,我回去还要多打井、快打井'铁人越说劲头越足,越说精神状态越好。手比划着,两只胳膊甩着。看那精神头,一点也不像刚刚动过大手术的人"。

说这段话的时候,周老仿佛就在铁人的病房前,也深受着铁人的感染。

"铁人这个人,就是有一股子硬骨头精神,一身正气;有一种天不怕,地不怕的大无畏的气概!铁人干活也好,讲话也好,都是非常鼓舞人心的。"说到这,他又如数家珍地吟诵起铁人的诗和话:"石油工人一声吼,地球也要抖三抖;宁肯少活二十年,拼命也要拿下大油田;北风当电扇,大雪是炒面……"一口气,一字不漏地背诵了好几首铁人的诗和铁人说过的话。那激越的声调,那熟悉的词句,真有点铁人的神韵。

谈起铁人,周老有说不完的话题。他还谈了铁人的创新精神、开拓精神,讲了铁人领导钻机整体搬家、革新钻头的事;还讲了铁人在"文化大革命"中被错误揪斗,受尽迫害而不屈服的情景;还讲到大庆油田在"文化大革命"中虽然受到干扰,但在铁人精神的鼓舞下,原油生产和油田建设没有停止。大庆人爱党爱国的信念没有变,创业求实奉献的精神没有变。说到这,周老的情绪再次高昂起来,"大庆人了不起!铁人了不起!我就是在大庆精神的熏陶,铁人精神的激励下成长进步的;没有大庆精神、铁人精神的激励,就没有我周占鳌的今天。"

稍微平静了一下,周老接着说:"学习铁人,宣传铁人精神,是我们会战老工人的责任、广大干部的责任。我们要把铁人精神世世代代传下去。"他还强调说:"我们学习铁人不是空学,要实学实干。铁人讲,学习马列的书,学了要应用。我们学铁人关键是要把本职工作做好。"

周占鳌是这样说的,也确实是这样做的。无论是当工人,还是当干部,他都以铁人为榜样,自觉从严,好字当头。正如人们从他身上总结的那样:"严在针尖上,细在发丝上"、"宁要一个过得硬,不要九十九个过得去"。

对于弘扬大庆精神、铁人精神,周占鳌不仅有着高度的责任感,而且紧迫感也十分强烈。他满怀深情地说"我们是大庆人,就应该总结铁人精神,宣传铁人精神,要把铁人精神更加深入持久地宣传下去,这是我们的光荣职责,将来我们大庆要靠青少年来建设,他们是大庆的建设者,也是祖国的建设者,是大庆的接班人,也是祖国的接班人。现在的小孩子,再过十几年,就要成为大庆的接班人,用什么思想来培养?我们就是要用大庆精神、铁人精神来培养,要在帮德、帮富、帮教、帮学上下工夫。"

高远的目光,宽广的胸怀,年近七旬的周占鳌仍然孜孜不倦地实践着铁人精神,传播着铁人精神。

(摘自《走近铁人》)

我的师傅"王铁人"与大庆会战

(许万明)

大庆石油会战之初,到底有多难——连久经沙场的"将军部长"余秋里都感慨:"到了现场,才知道困难和矛盾要比预料的多得多。"

我们1960年来到大庆。那时,三年自然灾害到了最严重的时期,甘肃是重灾区。我的师傅王进喜回家告诉老母亲说要去参加会战,母亲担心地问,你走了,全家9口人可怎么吃饭啊。王进喜跪在地上磕了三个响头,告诉母亲说,这次会战是一场大仗,关系到国家命运,非同小可。母亲点头。就这样,师傅带着我们出发了。

住了六年地窝子

我们来到大庆的这支队伍当时叫1262钻井队,王进喜是队长,全队包括两名炊事员在内共37人。1960年3月下旬,我们第一批32人从玉门东站出发,坐火车先到兰州,再到北京,最后抵达黑龙江省安达县(当时没有大庆这个地名)。

来大庆前,我们不知道这里的情况,只知道这里发现了石油，全国石油战线的精兵强将都来了。来之后，分配给我们的是"萨55井"，这口井就是大庆油田的第一口生产油井。

刚来的时候，钻井设备和我们的行李还在运往大庆的路上，无法开工。我们也没有住处，就都住在马棚里。3月份的大庆很冷啊，我们晚上睡觉铺的盖的都是牲口草。

其实，来之前我们也听说了这里的困难，但是当时心里想，总该有房子住吧，可是到这一看啥也没有，心里感觉犹如泼了一盆冷水。

之后，我们问清井位在哪儿，就几个人连走带问地去找了，由于只知道马家窑这个地名，又没路没车，我们一路溜着冰过去，找了三个多小时才找到插着一面小红旗的井位。

在井位周边，住着20几户老百姓。我们就和老百姓商量能不能住在老百姓家，就这样，我们一部分人住在了油井附近的老百姓家中，另一部分人住在马棚里等设备。

我和七八个工友住的那户人家有南北两个大通炕。房东一家老公公儿子儿媳孙子睡一个大炕，我们睡在另外一个大炕上，两个炕之间拉个布帘子隔开。

后来，虽然我们有了泥坯房住，但冬天零下40多摄氏度啊，我们只能在房中生个土炉子，再接上一根10多米长的输油管导热取暖，工友们晚上就睡在管子的两侧。由于没有足够的柴火，我们只能烧原油。那原油烟大啊，早上起来，我们所有人的脸都被熏黑了，就剩下两只眼睛咕噜咕噜在动，所以有人见到我们这个模样，就叫我们"油鬼子"。

我们也住过帐篷，一顶帐篷里住几十个人。夏季，晴天又闷又热，雨天又湿又潮，蚊子还特别多。我记得有一天晚上，雨下得特别大，等天亮大家醒来，才发现帐篷里已灌进一尺多深的水。有个职工开玩笑地说，这下可好了，不用出门就可以洗澡了。

冬天，帐篷里冷得无法住人，我们就在地下挖个坑，上面横些木头，再铺上草，培上土，这就叫地窝子。地窝子没有窗户黑洞洞的，30多人住在一个地窝子里，空气混浊，但那也比挨冻强多了。这地窝子我们一住就是六年。

◎ 许万明（右一）与铁人王进喜（中间坐者）的合影

咱不是来做客来了

大庆石油会战之初，我们不仅没有房子住，吃的东西也就是苞米面糊糊、窝头和酸菜。我是西北人，以前都吃白面馒头和米饭，根本不知道窝头是啥玩意，也吃不惯。师傅就和我们说，一进东北就是来吃苦的，咱不是来做客来了，而是回家来了，家里有啥就要吃啥，不能把自己当客人。我们来就是多打井，多出油，给我们的国家多增光。

当时我们的伙食标准是"五两保三餐"。由于经常吃不饱，很多工人连饿带累，身上都浮肿了。一次，我们队的工友马万福在野地里发现一种草，草根像小地瓜，白白的，很脆。马万福对我们说，那是东北人参，好吃，我们班的七个人就都吃了这种"小地瓜"，结果全中毒了。我吃

◎ 大庆石油会战第一口油井

◎ 1205钻井队员在干打垒前合影

得少,在医院躺了两天回来了,马万福吃的多,一直住了一周的医院。后来我们才知道,我们吃的是"狼毒草"的根。当时,这可急坏了师傅,我们队共分四个班,每天四个班倒着干活,这次食物中毒事件,一下躺下了一个班。

那时我只有十八九岁,窝头吃饱就有劲了,但是后来重灾区跑来的一万多名家属,粮食户口都没落上,我们的生活更加困难了。有的工人饿得头昏眼花,没了力气,就偷偷地溜进"自由市场"买土豆。师傅见状,就派两个钻工去买上一袋土豆,说:"放在队里谁吃谁花钱,省着大伙儿跑腿。"

但是这两个钻工好久不归,师傅派人去找才知道,他俩被市场管理所给扣住了。那时候,国内粮食紧缺,粮、肉、油、菜禁止自由买卖。如果被抓住,买卖双方会被拘留,罪名是"投机倒把"。这俩钻工买的那袋土豆少说也有50多公斤,不知是从多少个卖主那儿凑来的。师傅知道他们被拘后,亲自去说情:"我留下,让两个钻工回去干活儿,生产不能耽误。"

这事后来惊动了大庆会战指挥部副指挥张文彬，师傅才被放回来。

为了多弄点吃的，我们还会去地里捡胡萝卜和白菜的叶子。有一次我在地里发现了一个老鼠洞，一掏全都是黄豆。就因为我掏回去了3斤多黄豆，还受到了师傅的表扬。煮出来的黄豆水也让大伙的腿消了肿，不过冬天就没办法了。

那时我们就靠精神头支撑着

师傅带着我们来到大庆，就盼着早日开钻。他每天都派人到火车站打听钻机什么时候到，并且安排人平井场，做好打井的准备工作。自己则到处访问看守探井的工人，了解地层情况。

后来钻机终于到了，但是我们没有吊车，拖拉机也不够用，60多吨重的钻机怎么从火车上卸下来？又怎么安装起来？为了解决这个问题，师傅让全队集合，先是问从部队出来的队员孙永臣，战场上遇到困难是上还是退、是打还是等。孙永臣回答，只能进不能退，只能上不能。师傅于是说，"有要上，没有也要上。"（其实当时师傅说的是有吊车要上，没有吊车也要上，就是这句话后来演变成"有条件要上，没有条件创造条件也要上。"）师傅接着说："没有吊车，咱们有'宝贝'，照样干！"有人就问："啥宝贝？"师傅说："大活人！天大的困难也要上，退下来算个啥呀！"也有人说："人是活的，抬也好，搬也好，总之要上，绝不能让钻机在车站呆着。"

说干就干，我们30多人用绳子拉、木块垫、撬杠撬，硬是人拉肩扛地把钻机、柴油机卸下火车，把变速箱、滚筒等设备一件一件拉上钻台。此后我们又用了三天时间，同样人拉肩扛地把30多米高的钻井机树在了萨55井场上。

◎ 大庆石油会战初期工人们睡在地窝子里

就这样,师傅带着我们创造了来到大庆后的第一个奇迹。

井架子安装起来后,就要组织开钻,而第二个困难就是输水管线没有安装好,不能开钻。师傅就说,"许万明,你想想我们开钻没有水怎么办呢?"我就提出来说我们可以端水开钻。我旁边的姜如学说:"你许万明看到哪个国家有端水开钻的?"师傅反驳说:"小鬼(他那个时候叫我小鬼),就我们国家来实现这个,就我们来端,行不行?"我说:"行。"

于是,一天一夜的时间里,师傅带着我们 1205 钻井队的 37 名队员,加上闻讯赶来帮忙的老乡、机关干部等百十号人,用脸盆、水桶等工具端来了开钻用的 60 立方米的水。

1960 年的冬天,气温零下 40 多摄氏度,我们队在打一口井时遇到了非常大的困难。那口井的出油位置在 1100 米处,可钻到 700 多米时,钻井就被冻住了。我们将钻头的位置提上一段距离,然后重新往下钻,可提多高,卡多高，根本钻不下去，钻头最后被卡在400米的位置。钻头钻不下去，我们就在钻井旁哭，如此恶劣的环境，已经无法继续钻井。当时的石油工业部副部长康世恩看到这一幕，决定"停工"，说"把我们这些小伙子冻死了还打不打井了？"整个油田全部停止钻井，进行冬训。冬训主要是学"两论"、开会、学技术。

师傅对"两论"最直接的解释就是，这矛盾，那矛盾，国家缺油是最主要的矛盾；这困难，那困难，不能满足国家的需要，是压倒一切的困难。我们那时候，就是靠着这股精神头支着呢。

我清楚地记得我们打的第一口井出油的情景。这油真是不得了啊，原来我们在甘肃玉门油矿打井，出油是老半天才出一点；而在大庆的第一口井是往外喷油，一看就是大油田，我们太高兴了。

打完第一口井，"铁人"称号就传开了

因为一开始对大庆的地质条件不熟悉，作为队长的师傅打井时不敢离开，随时观察钻井的进度，为以后钻井积累经验。他晚上睡值班房，白天困了就在钻井旁打个盹，五天五夜没有回住处。这期间，房东赵大娘做了白面馒头来看大家。见到师傅，赵大娘说，饭可以往上送，觉不能不睡啊，你这队长真是铁人啊，五天五夜不回家。王进喜说"第一口井的资料不掌握，以后怎么打井？"第一口井打完，"铁人"的称号也就传开了。

当时参加大庆石油会战的都是各地的钻井队、勘探队，后来大量的解放军也加入到会战中。我们按照采油点的位置分散开。工种不同，安排也不同。我们负责钻井，采油队负责采油，运输队负责将油用油罐车运出去，还有的负责铺设石油管线，铺设好管线后，石油就能直接输送

◎ 许万明利用休息时间加强学习

◎ 1967年5月,许万明(后右1)与队友在大庆杨四村(今铁人村)打井时在1205钻井队驻地前合影,前排左2孙永平、左3康清平

◎ 1965年8月,许万明(左1)与队友在大庆油田萨北地区井场旁边草原合影,中间穿军装者为王作福

出去。

当时各个生产队之间展开生产竞赛,后来我们队补充进了17名队员,队名由1262钻井队改成为1205钻井队。师傅率领我们创造了"五开五完"的记录,就是一个月"开钻五口井,完工五口井"。

师傅脑子活,适合当领导,钻研出不少提高效率的办法;再有他脾气火爆,急性子,凡事总要争个第一。他经常说:"有第一咱们就争,有红旗就扛。"他对队员要求非常严格,队员若是犯了错误,经常被他批评地抬不起头来。为此,在"文化大革命"期间他还被人打报告,说他是大工头。

1960年11月,师傅带领我们在解放村附近打井,开钻得需要水,我一看水池子里结了一层冰,情急之下,就踏上了冰面,用脚把冰踹碎……师傅看到后非常感动,表扬我说:"你真是个小老虎。"

从一开始的"小鬼"到后来的"小老虎",称呼的转变,我知道,那是师傅对我工作态度的鼓励和认可。

当年,我们队的赵生元因为回家探亲而未及时归队,师傅便找到我说:"你是他的同乡,回去一趟,把他带回来,这个娃有学问,是个人才,应该回到油田发展。"

为了奖励我完成了这个特殊的任务,师傅还将自己最心爱的一台留声机送给了我。师傅经常鼓励我们学文化,他非常爱惜有学问的人,赵生元归队一年后,便被提拔为队里的指导员。

师傅最常说的话就是,宁肯少活二十年,拼命也要拿下大油田。师傅在大庆打的第一口井还在自然喷油。现在咱们说,他是少活了40年啊。

(文图整理:范立凯 全攀峰)

与铁人在一起的日子

(杨天元)

我叫杨天元,1205钻井队原司钻。1937年12月生于甘肃省武威县。1958年参加工作,在玉门贝乌5队当钻工,结识铁人王进喜。1960年3月与铁人一起来大庆参加石油会战。在那个为油拼搏的年代里,我与铁人建立了深厚的感情,回想起以往的岁月,我最难忘的是铁人老队长对我的真情关怀和热情激励。

铁人送我上扫盲班

1958年,我在玉门油矿通过招工参加工作,当时被分到贝乌5队当钻工，队长就是铁人王进喜。铁人对我们工人特别爱护，非常热心。刚到队时，天已经转凉了，可我还穿着单衣在外面干活。铁人看见了，他就跟队里的干部说："这娃穿得太单薄了，给他买套绒衣绒裤吧！"没多久，我就穿上了新衣服，当时心里别提多激动了。

我是个放牛娃出身，小时候还跟我爸要过一年饭，从小没念过书，不识字，自己也不觉得有什么不好，心想反正我年轻，有的是力气，干好活就行。1959年，铁人找到我，让我出去上扫盲班。我大字不识一个，学习实在费劲儿，就不想去。铁人就跟我做工作，说："咱们是石油工人，没文化不行，不识字怎么学习，怎么为国家打好井。"当时玉门石油管理局成立了一个扫盲班，分早晚班，也可以上夜校，白天不耽误工作。因为我基础太差，铁人就让我上白天的课，专门派我出去学习了四个月，让我好好学认字。当时我就想，铁人对我这么好，我一定要考个好成绩。四个月后，我语文考了85分。

如今，我有时候读报纸的时候就会想，是铁人老队长啊，他让我扫了盲。

◎ 铁人队伍积极开展扫盲活动

不是老铁,我早逃跑了

1960年,我们贝乌5队来大庆参加石油会战,改编为1205钻井队。刚到大庆时,条件特别艰苦,天气也特别冷。我和队长王进喜一共五个人住在老百姓赵大娘家。第一口井快开钻时,王进喜就不回赵大娘家住了,天天住在井上,赵大娘就说他好像个铁人似的。从此,大家都管队长叫"铁人",有时也亲切地叫"老铁"。

当时我们不仅住得特别不好,吃得也特别差,顿顿是苞谷面、大米馇子和野菜,我们大部分工人都是20刚出头的小伙子,根本吃不饱饭,加上工作太累,工资又低,我就有了"活"思想。铁人比我大14岁,平时对我很好,我就跟铁人说我想回玉门去。铁人听了,就教育我

◎ 1963年11月中旬在大庆油田萨北区,王进喜向1205钻井队全体队员做生产动员,鼓舞大家努力加工作,要为大庆油田负责一辈子

◎ 杨天元（右）与队友合影

说："你不能这么想，咱们国家穷！你不能只想困难，将来一定会好的！"后来铁人又常常找我谈心，鼓励我好好工作，要替国家分忧。我觉得他比我想得远，讲得也很有道理，再说铁人跟我们工人一起干活，事事吃苦在前，又处处为我们着想，对我们特别好，我就决定跟他在大庆好好干。在铁人的带领下，我们全队职工都怀着一种为国家争气的理想奋力拼搏。说实在的，要不是"老铁"，我早就跑回老家去了，也就看不到今天这么好的大庆了。

铁人帮我办户口

1962年，我家属第一次来大庆。刚来时，连吃的都没有。铁人让队里给我拿了一点儿苞米面，救了急，可这总不是办法。我家属没有户口，就没有粮吃，后来，我就想让她先回老家，以后再来大庆，但是没有路费走不了。铁人听说了，就对我说："我给你想办法。"后来，铁人给我拿了路费，帮我把家属送回老家。

1965年，我家属又一次来大庆。那时候，我的孩子已经一岁了，我家属希望留在大庆一家人一块过日子。当时我想，一家人在一起当然好，可没有户口，吃粮怎么办？孩子那么小，总不能让他饿着肚子吧。为这事我特别犯愁，工作上就有些打不起精神。

有一天，铁人兴高采烈地来找我，告诉我："小鬼，你家属的户口落下了！"我当时就蒙了，我没跟别人说过这事呀。原来，从上次我家属回老家，铁人就把这件事放在了心里，这回我家属一来大庆，他就忙着帮我张

◎ 杨天元与家人合影

罗着办户口，办下来了，就专门来告诉我。平时他自己家有个什么事，他都不吭声，总是让家里人不麻烦组织，自己想办法，可对我们这些钻井工人，他却件件事都放在心里。

"司钻手里三条命"

1966年，正是1205钻井队打"十万米，超美甩苏"的时候，当时我已经是1205钻井队的司钻。铁人每次到井队，都会去看我。他常教导我："司钻手里三条命：人命、井命、设备命。你一定要胆大心细，该考虑的事要考虑。当司钻，后脑勺儿也要长眼睛，钻台上六七个人跟你干，你都要照顾到。"1969年，铁人从北京开完党的第九次代表大会回来，直接就来到我们1205钻井队，当时我正在井场上，铁人看见我，一直冲我走过来，从兜里掏出一个从北京带回来的毛主席像章，亲自给我戴在胸前，鼓励我好好干，给了我特别大的鼓舞。可以说，我的每一次进步都离不开铁人的鼓励与帮助，铁人对我就像对待亲人一样，我只有好好工作，才能对得起老队长。

◎ 王进喜（前左）特别注重技术练兵，这是他在井队为工人作打大钳示范

1970年铁人病重的时候，队里的同志去北京看望他，他还提到了我，他跟队里人说："告诉杨天元，要打好井。"当时1205钻井队正在打15万米，队里的同志怕我分心，没敢跟我说。铁人老队长，一辈子都在为钻井而活，临终时，想到的还是钻井，还是石油啊。

爸爸和我们在一起的时间很少

——儿子王月平、王月甫谈铁人

（刘 仁）

由于工作关系，我曾多次访问和接触铁人王进喜同志的长子王月平和次子王月甫。王月平，1952年出生，1960年11月随母亲来大庆，曾就读于铁人创办的"帐篷小学"（后来的铁人小学）。朴实憨厚的月平，谈起爸爸来，印象最深的事是"招工"。"1968年，油田第一次招工，爸爸领我到钻井指挥部人事科去报名。负责登记的人了解我的年龄后，说岁数不够，不符合招工条件。爸爸什么也没多说，就让我回家了，我当时感到很失望。按那时爸爸的身份（时任钻井革命委员会副主任、大庆革命委员会副主任），如果和主管领导打个招呼，照顾一下是可能的。可是爸爸没有那么做。"说起这事，月平记忆犹新。

提起小的时候，与爸爸在一起的时光，月平感慨地说："我爸爸一辈子也没领我们出去过几次，别说没逛过公园，进过商场，就是野游也没有过。"月平打开记忆的闸门，努力地搜索着。"能够记起来和爸爸在一起的时候，只有四次。一次是弟弟很小的时候，一天晚上，我们一起往车站送老家来的客人。爸爸背着弟弟，我跟着，走到火车站；第二次是有一年秋天带我们到家属管理站收黄豆；

第三次是陪奶奶看秦腔;还有一次是爸爸提议组织学生到井队给钻杆洗丝扣。不仅带我们到井场,而且还手把手地教我们这些学生如何清洗。"言谈话语中,对父亲没能更多地带他们享受天伦之乐,月平虽有些许的遗憾,但更多的是理解,是怀念。

  月平还谈到记忆中印象较深的一件事,就是和爸爸一起照相。铁人一生留下了许多照片,因为他早在20世纪50年代就被评为全国劳动模范,到大庆后,人拉肩扛安钻机,端水打井保开钻,创造了可歌可泣的业绩,成为媒体关注的重点对象,所以留下了不少的工作照。但是与家人在一起的照片却极少。月平说:"那是1970年初夏,爸爸在北京301医院手术后的日子,我从陕西武功空军地勤部队请假来看望他。母亲和小妹月琴也从大庆来到北京。刚刚做完胃癌手术不久的爸爸,精神状态挺好。有一天,他主动提出带我母亲、妹妹和我到天安门去看看。我和妹妹都很高兴,母亲也露出少有的笑容。到了天安门广场,久困病榻的爸爸,望着巍峨的纪念碑、雄伟的大会堂、壮丽的天安门,心情格外兴奋,高兴地提议照一张全家像。我

◎ 铁人王进喜的儿子王月平

们当时呈现出从未有过的欢乐，随即以天安门为背景，妹妹在前，我和爸爸妈妈在后站成一排，留下了永难忘怀的一瞬间。这张照片，是我记忆里，爸爸47年的人生历程中，唯一的一张与我们家人在一起的照片。"

就在我整理这篇文稿时，找到了当年王月平与北京大学学子的对话记录。那是2001年7月11日，北京大学社会实践考察团来铁人纪念馆参观，特别邀请王月平来就学生们关心的问题进行座谈。我在接待他们的同时，旁听了他们的对话。现将他们对话的主要内容实录如下，从中可以进一步了解铁人的家庭观、事业观等方面的一些情况。

学　生：您父亲一生都献给了油田，但他对家人怎么样？您觉得他是一位好父亲吗？

王月平：我父亲在玉门时，他所在的单位就是标杆队。从我记事起，他就经常不回家。有时一个月、两个月也见不着面，我们家主要靠我奶奶和母亲操持。但父亲对我们要求严，他本身文化不高，但对我们学文化要求却很严，努力创造条件，让我们和其他职工子弟上学读书。在我的印象中，父亲还是一个孝子，他对我奶奶特别孝顺，对家人也很关心。

学　生：您从父亲身教言传中觉得学到最宝贵的是什么？

王月平：我们那时小，十六七岁，我觉得老一代石油工人，过去都有这个经历。那时的艰苦劲儿，我们也感受到了，也经常到井队看到他们干活。我对他们这一代人比较尊重。我父亲是他们中的集中的一个代表，他们的思想很朴实，为了国家富强，民族兴旺，什么苦都能吃。他们这代人确实脚踏实地，任劳任怨，为国家立下了汗马功劳。这个精神对我也有影响，我也得学。

学　生：您对我们来学习铁人精神怎样看？

王月平：不应忘记历史。会战历史影响了几代人。他为啥能影响？他有它值得学习的地方。现在你们都是高材生，也应该学。既要有知识，又要脚踏实地，才能实现自我价值。

学　生：作为铁人的长子，铁人精神对您最大的影响是什么？

王月平：无论干什么事情，都要有一个追求。他追求的是多打井、多出油，快快发展国家的石油工业。

学　生：您作为儿子，如何看待铁人的事业心与家庭的责任心？

王月平：当时那一代人都那样，主要精力都放在工作上。开发大油田，没有路，都是草原，回一趟家得五六个小时，当时顾不上家。1960年，我们上半天学，半天挖野菜。那时八九口人，就靠奶奶和母亲操持。我13岁时，奶奶有病，是我用自行车驮着他，到农村找老中医看病。工作与家庭不可能兼顾。

学　生：看到铁人的事迹，让我们感动。他的精神原动力是什么？

◎ 王进喜与家人在一起

◎ 1970年，王进喜与夫人王兰英、长子王月平、小女王月琴在天安门前合影

王月平：我父亲新中国成立前在玉门给人家当小工，送水，吃苦多。新中国成立后，刚开始就是报恩思想，党说啥就干啥。经过一段时间以后，对党的认识、对工作的认识上升到我要这么干，自觉地去干。1956年刚当队长时，钻井进尺很低，他提出一个口号，要实现一个目标，要玉门关上立标杆，就是为了多打井、多出油。

李海燕（北京大学团委副书记）：铁人精神影响了几代人，我们这代人也受影响。说油田要提到大庆，说大庆一定要说到铁人，铁人是一个高大的形象。到大庆虽然才三天，听了、看了铁人的事迹，对铁人精神的理解从浅到深。当时那么艰苦，不到这种场合，我们不能理解。我们父辈

◎ 铁人关心下一代

给我们创造了好的条件，我们首先要艰苦奋斗。我们受益于父辈的丰功伟绩，我们要保持和发扬下去。当前，我们要把自己的学习搞好，把工作做好，这样才不辜负前人对我们的付出，也是对铁人和铁人精神最好的学习与继承。

　　当我们问起王月甫，你对你爸爸印象最深的都有哪些事时，曾任钻井三公司亚星公司经理，现已提前退休的他，只有一句"我对我爸爸印象并不深"。开始时让我们感到很惊诧，觉得有些不可思议。接下来的谈话，才使我们进一步领悟了这句话的真正含义。月甫解释说："我爸爸活着的时候，我很少见到他。十天半月不回家是常有的事。即使回家大半都是晚上九十点钟或以后，那时我已经睡着了。到了早上，他早早就走了，所以很少见面，就连他病重住进北京 301 医院，15 岁的我虽然守护过一段时间，但却很少能说上话。来看望我爸爸的人经常不断，我基本靠不上前。所以，对爸爸我真的了解很少。"

　　从与月平、月甫的谈话中，虽然没有了解到我们所期望的更多的内容，但是从他们诚恳的态度、朴实的话语中，却让我们从不同的侧面进一步感受到了铁人那舍小家为大家的高尚情怀和始终不渝的无私奉献精神。

　　　　　　　　　　　　　　　（摘自《走近铁人》）

王进喜的严师——郭孟和

(蒋其垞)

铁人王进喜的事迹在石油战线几乎是家喻户晓的。王进喜老家在离油矿不远的农村——赤金堡。新中国成立前他在玉门油矿的"驮运队"当工人，每天赶着马车给各处送油送水。玉门解放后报名当了钻井工人。这个旧社会的小工，后来成为中国工人阶级的光辉榜样。在其早年成长过程中，他的师傅郭孟和是位很关键的人物。

郭孟和，山东即墨人，自幼家贫，只上过私塾，12岁出外做工，后来跟着一个在苏联开小铺的亲戚到了伯力，在工厂里学徒，做工。1938年回到新疆，进乌苏油

◎ 王进喜的师傅郭孟和

◎ 石油工人代表郭孟和参加第一届全国人民代表大会第一次会议

矿，从此当了石油工人。乌苏油矿是当时新疆地方政府和苏联合办的，技术人员和设备都是苏联的。1939年春天，郭孟和参加油矿钻工训练班，受训6个月后分配到井队任司钻。1945年新疆闹事变，发生武装冲突，油矿职工和家属为躲避战火，纷纷离开。郭孟和同工友们结伙到了玉门。

此时的玉门油矿已初具规模，但熟练的钻井工人非常缺乏。受过正规训练的郭孟和，很快成为生产骨干。新中国成立时他参加护矿队，防止国民党反动派的破坏。新中国成立后，他是全矿最早参加工会的会员，又是玉门油矿解放后第一批入党的党员。他以实实在在的工作成绩，赢得了职工群众的信任。先是被提拔为钻井队长（这个职务在玉门油矿解放前只能由技术人员担任），接着在职工代表大会上，当选为油矿的工厂管理委员会委员，1951年获全国工业战线劳动模范称号，是新中国第一位石油工人中的劳模，当时在和鞍钢的孟泰、哈尔滨的马恒昌齐名。我当时在玉门钻井队被选为基层小队的工会主席，所以有机会接触到郭孟和，一起参加会议，听他传达到北京出席人民代表大会的情景。

郭孟和对王进喜的影响,是从王进喜到他队上开始的。据说还是军代表范元绥（后在石油工业部担任勘探司副司长,勘探开发科学研究院副院长）把王进喜领到郭孟和的队上,让他们二人签订一份"保教保会合同",叮嘱王进喜说："就把你交给郭师傅了,你要向他学文化、学技术,更要学他的好思想、好品质。"

郭孟和对王进喜要求很严格,经常结合他的表现进行帮助教育。王进喜不怕累,能干活,郭孟和很高兴,但同时指出,光能干活还不是一个好工人。郭孟和启发王进喜,当个工人得看得远,大公无私,为党和国家做贡献。队里有少数人计较工资待遇,郭孟和对王进喜说："你可不能有这种思想,不能跟着瞎起哄。要记住,新中国成立了,生活好了,但不能忘了国家和集体的利益,追求个人享受。"

王进喜有自由散漫的毛病,在青草湾打井,离他家不远,有时他不请假就跑回家去看父母亲。王进喜特喜欢秦腔,犯了秦腔瘾,就偷着买张票去看一回。郭孟和和同志们发现了,对他进行严厉批评,专门给他规定了几条纪律,不遵守不行。慢慢改掉了他自由散漫的毛病。

王进喜就是在这样的环境里克服自己的不足,努力学习,逐步提高了觉悟,树立起为大多数人谋利益,为石油工业做贡献的思想。

当年大学毕业后参加工作,和王进喜分配在同一个小班的李虞庚,后来还给郭孟和当过一段秘书,所以非常了解王进喜和郭孟和。他晚年亲口对笔者讲过,王进喜脑子很聪明,但也会调皮捣蛋。他的成长经历完完全全是在共产党教育下,加上先进工人的影响熏陶,去掉旧社会带来的毛病,不断进步成熟的。这体现了工人阶级从自在走向自为,再到自觉的过程吧。

铁人之最

(刘 仁)

新中国最具影响力的劳动模范

铁人王进喜不仅是大庆人的杰出典范，工人阶级的先锋战士，共产党人的优秀代表，而且是新中国成立以来最具影响力的著名全国劳动模范，顶天立地的民族英雄。1923年10月8日出生在甘肃玉门赤金镇和平村的王进喜，1950年参加工作，系新中国第一代石油钻井工人。1956年加入中国共产党，1958年在玉门率领贝乌5队（1205钻井队前身）创造了月进尺5009米的全国纪录。1959年10月出席"全国工会群英会"，被授予"全国先进生产者"称号。1960年4月，王进喜带领1205钻井队在吊车紧缺，

◎ 王进喜在钻台上扶刹把

◎ 1959年，王进喜（左1）参加国庆观礼

水源稀少的情况下，人拉肩扛安钻机，破冰端水保开钻。打出了到大庆的第一口油井。在打第二口井发生井喷的危急时刻，他不顾重伤的腿，甩掉拐杖，奋不顾身跳进泥浆池，用身体搅拌泥浆制服井喷。被誉为"铁人"。

1964年12月，王进喜当选第三届全国人民代表大会代表；1969年4月当选中国共产党第九届中央委员；20世纪80年代被中共中央组织部确认为新中国成立以来在群众中享有崇高威望的五位优秀共产党员之一；2000年10月，在世纪之交之际，他与孙中山、毛泽东、邓小平等伟人一道被评为"百年中国十大人物"之一；2003年9月26日，中华全国总工会和中国摄影家协会联合在国家博物馆举办"中国劳模——时代的领跑者"摄影展览，选择了

◎ 1969年4月，铁人王进喜（前排中）参加党的第九次全国代表大会

◎ 1969年4月，王进喜参加党的第九次全国代表大会，被推选为大会主席团成员，并被选为中央委员

自新中国成立以来为新中国建设事业做出突出贡献，由党中央、国务院授予称号的两万多名全国劳动模范中的161位，以图片的形式展出，铁人王进喜位列第一；在铁人诞辰80周年之际，工人日报发表署名文章，高度评价铁人王进喜的历史贡献与影响力，文章称："没有人能比得上他对中国经济建设的巨大影响力，没有人能像他那样把中华民族精神在个人的实践中体现得淋漓尽致。"

2005年4月29日新华社播发通稿《永远的丰碑（88）"新中国石油战线的铁人——王进喜"》，文中强调指出："铁人不仅是工人阶级的先锋战士、共产党人的楷模，他更是一个为国家分忧解难、为民族争光争气、顶天立地的民族英雄。"

（参考资料：2000年第4期《时事资料手册》、2003年10月8日《工人日报》、2005年4月30日《人民日报》）

影响最深远的一句话

"有条件要上,没有条件创造条件也要上!"是铁人王进喜在大庆石油会战初期,面对重重困难,为早日拿下大油田而发自心底的呼声与誓言。也是王进喜说过的话中影响最深远的一句话。

1960年3月下旬,王进喜率领1205钻井队(当时称1262钻井队)来到大庆参加石油大会战。在吃住条件异常困难,交通不便,运输及吊装设备紧缺,天气寒冷等诸多困难面前,王进喜带头喊出了"有条件要上,没有条件创

◎ 王进喜与队员一起拉钻机拉到井场

◎ 1970年，王进喜（前排右2）国庆观礼

造条件也要上！"的豪迈誓言，并且率先垂范，人拉肩扛安钻机，破冰端水保开钻，仅用五天零四小时就打成了到大庆会战的第一口油井，极大地鼓舞了石油会战大军的士气，激励着百万石油人为甩掉中国石油工业落后的帽子，振兴中国石油工业而不懈奋斗；同时，也激励着广大中华儿女，为改变一穷二白的落后面貌，建设强大的社会主义国家而自强不息，勇往直前！1966年1月3日工人日报发表的题为《我们需要千千万万个铁人！》的社论指出："王铁人说'有条件要上，没有条件创造条件也要上！'这个'上'，就是坚决斗争，征服自然；这个'上'就是艰苦奋斗，百折不回；这个'上'，充分显示了工人阶级大无畏精神和英雄气概。"

进入新世纪，王进喜的这句口号"有条件要上，没有条件创造条件也要上！"与孙中山的"振兴中华"、毛泽东的"为人民服务"、邓小平的"发展才是硬道理"等历史伟人的名言一道，入选"三千年来振奋过中国人的99句标语口号"，成为其中的第74条。

（参考资料：2004年9月29日《北京科技报》）

最令世人震撼的时刻

铁人王进喜为制服井喷，不顾腿伤，跳进泥浆池，用身体搅拌泥浆，这一时刻，给世人留下了永不磨灭的印象，震撼了千千万万人的心灵，并永载史册。

1960年5月，铁人王进喜带领1205钻井队（当时称1262队）在杨四屯（现大庆铁人一村附近）打2589井时，突发井喷，狂暴的天然气夹杂着原油与地下水呼啸着喷射出地面，冲向井架与天空，高达几十米。在面临井毁人亡的危急关头，王进喜不顾个人安危，甩掉拐杖，带伤跳进泥浆池，用身体搅拌泥浆达三个多小时。在队友的共同努

◎ 铁人王进喜在打第二口井时腿受了重伤，但他仍然坚持在钻台上指挥生产

◎ 1960年5月9日零点，1205钻井队打的第二口井发生井喷，在没有搅拌机的情况下，王进喜扔掉拐杖纵身跳进泥浆池，经过3个多小时的奋战，终于制服了井喷

当年与王进喜一起跳泥浆池搅拌泥浆的其他人员：

戴祝文：甘肃省武威市人，1960年3月由玉门去大庆参加会战。
丁国堂：甘肃省金塔县人，1960年3月由玉门去大庆参加会战。
许万明：甘肃省武威市人，1960年3月由玉门去大庆参加会战。
杨天元：甘肃省武威市人，1960年3月由玉门去大庆参加会战。
张志训：陕西省礼泉县人，1960年3月由玉门去大庆参加会战。
段功武（女）：当年22岁，实习大学生，实习结束后回四川工作。

力下，终于制服了井喷，及时有效地保住了钻井设备和油井，保证了在场工人的生命安全。这一舍生忘死的崇高形象与大无畏的行动，永远定格在那历史的瞬间。这一时刻，王进喜的英雄形象，令世人惊叹、感动、震撼！此刻的形象被收入中国革命博物馆编辑、人民出版社出版的大型历史图集《中国共产党七十年》和解放军文艺出版社的《80位共产党人的故事》以及中央文献出版社出版的《中国共产党的八十年画卷》等重要文献中。

气魄最大的石油诗人

"石油工人一声吼，地球也要抖三抖。石油工人干劲大，天大困难也不怕"。这首曾经被毛泽东主席引用过的诗句，是铁人王进喜在艰苦卓绝的石油大会战的主战场上，以天地般的情怀，生命的意蕴吼出来的，震撼和影响了几代人。铁人的诗，流传下来的虽然不多，但仅从我们能看到的部分作品中，就能感受到铁人的诗气魄之大，影响之大，远远超出了石油文坛。从他的"东方红"笔记本中，我们可以看到他亲笔写下的有13首诗，从20世纪70年代，人民文学出版社出版的《大庆战歌》以及黑龙江人民出版社出版的《大庆凯歌》中可以看到18首。这些诗，虽然有的明显带有"文化大革命"期间标语口号的印痕，有的有点顺口溜的味道，但是多数让人过目成诵，过耳不忘，感染力很强。如："北风当电扇，大雪是炒面。天南海北来会战，誓夺头号大油田。干！干！干！"再如："手扶刹把象刺刀，钻杆就像机枪和大炮，转盘一转响起了冲锋号。压力一加，钻头就向地球里面跑。钻完进尺，原油就咕咚咚往地面冒。支援越南人民，气死苏修，淹死

◎ 王进喜的诗

美国佬！"（根据铁人笔记实录，与已发表的略有不同）后一首，铁人自己也很喜欢，不仅工工整整地写在"东方红"笔记本的第五页上，而且在多种重要场合，作为"压轴戏"朗诵过。1966年2月至4月，铁人先后在北京人民大会堂、北京市电视台、长春第一汽车制造厂等地为全国工交工作会议和北京市以及"长春一汽"的数万名干部群众演讲报告，每到报告的结尾处，铁人都朗声诵读这首诗。从保留的录音中，我们依然能够强烈地感受到人们被铁人那抑扬顿挫、豪迈铿锵的诗情诗意所感动而发出欢声笑语和掌声如潮的情景。

铁人没有上过学，也不是职业诗人。但是，他经受了西北大漠和松嫩平原上大庆石油会战伟大实践的砥砺；他酷爱秦腔，秦腔故事与唱词的韵律，长期熏陶着他；著名诗人、作家李季、闻捷、曹杰、李若冰、魏钢焰等与他较长时间朝夕相处，耳濡目染着他；旷达、豪迈的性格，火热的会战生活场面，不时激发和涌动着铁人的诗情，使他吼出来的诗大气磅礴，感天动地。就连刘白羽、魏巍等文学大家都对铁人的诗赞赏有加，称铁人的诗气魄大，感染力强，是诗人所写不出来的。著名画家华君武在1992年6月参观铁人纪念馆时还饱含深情地写下了"人民诗人王进喜"的题词。著名评论家何西来称赞："铁人是在大地上写诗的人，很多诗句变成了格言式的东西，影响了几代人的灵魂，几代人的思维方式……铁人用他的生命在歌吟，为我们民族，为我们人类争了光。"

（参考资料：孙宝范、卢泽洲著《铁人传》、2003年9月24日《大庆日报》）

惟一出席毛主席生日便宴的工人代表

铁人王进喜一生中曾多次受到毛泽东主席的接见，还荣幸地被毛主席亲自点名，作为惟一的工人代表，出席了

◎ 与领袖欢谈（画）

毛主席以自己稿费举行的 71 岁生日便宴,并与毛主席同桌就餐。

1964 年 12 月 26 日,出席第三届全国人大第一次会议的王进喜与农民代表陈永贵、知识青年代表董加耕、邢燕子,散会前被告知,散会后就地稍候。待大会其他代表和主席团成员散会离开不久,只见周恩来总理从主席台后走出来,向铁人等四人招手,并把他们带到人民大会堂内一间小宴会厅的走廊内等候。此时在这里等候的还有董必武、陈毅、贺龙、陆定一等领导人。周总理把铁人他们四人一一介绍给在座的几位领导说:"这几位是主席请来的客人……"看时间差不多了,大家随总理一起进入了大会堂老北京厅。出席宴会的还有刘少奇、朱德、邓颖超、胡

◎ 王进喜(右3)与陈永贵(左3)等人大代表座谈

耀邦等领导，厅内只有三张桌子，每张桌子上餐具已经摆好，中间各摆一盘苹果。几分钟后，毛泽东主席满面红光，精神抖擞地来到人们中间，在掌声中，毛主席示意大家就座。铁人被周总理安排与毛主席同桌。就在毛主席的左边，中间只隔着董加耕。同桌的还有彭真、罗瑞卿、余秋里、曾志、钱学森、陈永贵、邢燕子等。大家落座后，毛主席说："今天既不是做生日，也不是祝寿，而是实行'三同'。我用我的稿费请大家吃顿饭。我的孩子没让来，他们不够资格。这里有工人、农民、解放军、领导在一起，不光吃饭，还要谈谈话嘛！"这顿饭共有12个菜，除了盐水虾外，基本都是蔬菜，有黄瓜、苦瓜、青椒、卷心菜、胡萝卜等。吃饭时，毛主席不时给身边的董加耕、邢燕子和铁人夹菜。席间，毛主席一一询问客人身体、工作情况。谈到大庆时，毛主席说："余秋里和石油工人们一起搞出个大庆来，很不错嘛！石油工人干得很凶，打得好！"又说："铁人是工业带头人，要工业学大庆。"铁人认真听着毛主席的话，感到无比的激动。

宴会结束前，毛主席还特别告诫铁人他们几个工农和知青代表："你们不要翘尾巴。有些人不好，尾巴翘得太高了，要夹着尾巴做人。"铁人始终牢记毛主席的教导，一生谦虚谨慎，从不居功自傲。出席党和国家最高领导人的生日宴会，这在当时是极高的政治荣誉。但铁人回到大庆后，始终守口如瓶，从未向任何人提起，更没有以此作为资本来炫耀。直到1993年毛主席百年诞辰之际，当事人董加耕发表纪念文章披露了这件事，人们才了解到铁人还有如此经历。

（参考资料：《毛泽东传》下卷；2004年第7期《中华魂》；2003年10月9日《中国石油报》）

第一个在人民大会堂作报告的石油工人

1964年，铁人王进喜当选为全国人民代表大会代表，于年底到北京出席了全国三届人大一次会议。在这次会议上，大会主席团责成王进喜代表全国工人在大会上作汇报发言。发言内容以大庆石油会战为背景，以1205钻井队和钻井二大队工作为主线，汇报了大庆工人阶级迎着困难上，与恶劣的自然条件和各种困难斗，在会战中取得的成绩。王进喜的发言，内容实在，讲的生动而有气魄，在全体与会代表中引起了强烈的反响。这是第一位石油工人登上人民大会堂作报告。

1966年2月16日，王进喜再次登上北京人民大会堂的讲坛，应邀为"全国工业交通工作会议和全国工业交通政治工作扩大会议"作了题为《读毛主席的书，听毛主席的话，为无产阶级革命事业奋斗一辈子》的报告。

◎ 1964年12月，王进喜参加全国人大三届一次会议时在大会上发言

石油老照片

◎ 1965年，王进喜做《为石油事业艰苦奋斗一辈子》报告

这天，王进喜依然是身着在油田工作时的装束，头戴前进帽，上身穿48道杠棉工服，脚穿大头鞋（报告时脱掉了棉工服）当余秋里副总理引导他走向主席台时，台上的薄一波等国务院领导、国务院有关部门领导和台下数千名全国工交系统司局以上领导干部报以热烈的掌声。王进喜的报告没有详尽的文字稿，只有一份简单明了的提纲。他以自然丰富的表情，协调有力的手势，洪亮的西北腔调，向与会代表讲述了他和队友们为了早日拿下大油田，人拉肩扛安钻机，端水打第一口井；教育引导青年克服困难，扎根油田；领导家属盖干打垒等情景。两个多小时生动幽默的报告吸引鼓舞和征服了所有听众，报告被掌声和欢笑声一次次打断。人们近距离地感受到了铁人的风采、人格与精神的魅力。

会后，全国总工会、团中央、北京市等机关团体纷纷邀请铁人去作报告。

（参考资料：孙宝范、卢泽洲著《铁人传》；蔡沛林著"王铁人轰动北京城"2000年10月30日《大庆油田报》）

（节选自《走近铁人》）

影视剧中的铁人形象

1964年,毛泽东主席发出了"工业学大庆"的号召。1956年,周总理指示电影制片厂,尽快拍出一部艺术纪录片,向全国宣传大庆,并亲自找创作人员谈话,指导影片的拍摄工作。这部影片就是《大庆战歌》。1966年,《大庆战歌》样片完成后,周总理亲自观看肯定。但是,由于"四人帮"的恶意攻击,他们利用手中篡夺的权利,一直扣压这部影片,不准放映。直到粉碎"四人帮"后,我国亿万人民才观看到这部影片。

◎ 大庆石油工人在学习"两论"

石油老照片

追梦·圆梦

◎ 大庆石油工人以"不怕地冻九尺，石油战士无冬天"的英雄气概进行冬季施工

《大庆战歌》介绍了 20 世纪 50 年代末和 60 年代初，参加开发大庆油田的广大工人、工程技术人员，为尽快甩掉我国石油工业落后的帽子，从四面八方来到荒无人烟的草原上，顶风雪、抗严寒，与各种困难做斗争，高速度、高质量地建设我国第一大油田的工作情景。

从影片中，我们可以看出，大庆的广大干部职工积极响应党中央的号召，运用毛泽东思想指导大庆会战的全部工作，认真组织广大职工学习《矛盾论》和《实践论》，并用这"两论"来指导具体工作。他们豪迈地提出"有条件要上，没有条件创造条件也要上"的响亮口号，硬是用

◎ 影片《铁人王进喜》宣传海报

人拉肩扛的办法把钻机搬到井台上，打出第一口高产井。铁人王进喜腿部受伤了还不肯下井台，并且奋不顾身的跳进泥浆池用身体搅拌泥浆，制服了严重的井喷事故。

影片大气磅礴地展现了大庆工人独立自主、自力更生的战斗场面；还通过细腻、有说服力的镜头，介绍了大庆工人和技术人员是如何精心设计、认真施工的。他们高标准、严要求，每打一口井，都要准备齐全地取得20项资料，72个数据。影片真是记录了我国石油工人、干部、技术人员开发大庆油田过程中无数可歌可泣的事迹。

1974年，石油工业部部长余秋里受周恩来总理的指示，要拍摄一部反映以大庆石油会战为题材的电影。编剧张天民几次深入大庆采访，从真实的故事中提炼出了这个剧本。于是，这部以反映大庆石油工人艰苦创业为内容的

◎《创业》剧照

电影《创业》诞生。

《创业》是"文化大革命"中拍摄的一部比较好的影片。它通过塑造英雄人物周挺杉和华程的形象,歌颂了石油战线工人和干部在党的独立自主、自力更生方针指引下艰苦创业的精神,受到广大群众的热爱。

《创业》中的周挺杉是以铁人王进喜为原型的。剧中反映铁人精神的经典台词有"人没精神轻飘飘,井没压力不出油";有表现石油工人打井决心的"有条件要上,没有条件想方设法,拼死拼活也要上","上有困难,不上更困难";有反映石油工人豪迈精神的"天大的房子,地大的炕";反映打井是当务之急的"先生产,后生活"等。

1975年春节,文化部在审查《创业》时,影片因为高扬发展经济的论调而遭到"四人帮"的强制禁映。他们别有用心地宣布《创业》在"政治上、艺术上都有严重错误"。随后,其精心策划,给《创业》罗织了十条罪状之多,强迫停止放映此片。影片编剧张天民写信给毛泽东主

◎ 电影《创业》剧照（一）

◎ 电影《创业》剧照（二）

◎ 电影《创业》剧照（三）

追梦 宁肯少活二十年 拼命也要拿下大油田

◎ 《创业》连环画

◎ 电影《创业》拍摄场景

席进行申诉，毛主席在信上作了批示："此片无大错，建议通过发行，不要求全责备。而且罪名有十条之多，太过分了，不利于调整党内的文艺政策。"

虽然有毛主席的批示，但江青仍未给《创业》开禁。直到1976年，粉碎"四人帮"后，《创业》才得到解禁，开始公开放映。

《创业》这部电影震撼了一代人。因为，在《创业》里反映出了一种奋发向上的希望，这希望像一道曙光照亮了人们心，再次把人们的干劲儿都鼓起来，起到了宣传和教育的作用。

满怀深情望北京

电影《创业》插曲

（节选）

张天民 词
秦咏诚 曲

1=F 2/4

激情地、稍慢

(0 6 62 | 176 53 | 2316 12 | 3. 5 | 62 1653 |

6. 53 | 2353216 | 61 35)‖: 66 2 | 176 53 |
　　　　　　　　　　　　　青天　　一　顶
　　　　　　　　　　　　　天寒　　地　冻

23212317 | 6 - | 6 1 2 | 376 53 | 5.3 2613 |
星　星　亮，　荒原　一　片　篝火
不　觉　冷，　热血　能　把　冰雪

2 - | 3.3 66 | 165 3 | 2.5 321 | 2316 6 |
红，　石油工人　心向　党，满怀深情望北京，
融，　石油工人　英雄　汉，乐在天涯战恶风，

0 1 2 | 4.2 46 | 5. 3 | 5.6 7216 | 6 - |
满怀　深　情　　望北　京。
乐在　天　涯　　战恶　风。

老 物 件

铁人塑像

◎ 铁人瓷像（一）

◎ 铁人瓷像（二）

◎ 铁人瓷像（三）

◎ 铁人铜像（一）

◎ 铁人铜像（二）

◎ 宋振明部长办公桌上铁人塑像

铁人王进喜纪念馆部分馆藏

◎ 王进喜带着父亲要饭时用的粗瓷碗

◎ 王进喜领着父亲要饭时用的瓷盘碗

◎ 王进喜在玉门油田当钻工时用的土陶碗

◎ 王进喜在玉门油田当钻工时用的粗瓷碗

石油老照片

追梦·圆梦

◎ 王进喜吃过的猪波浪草

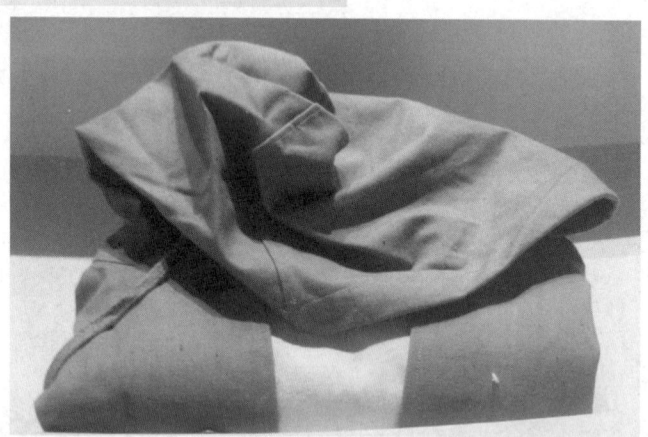
◎ 王进喜穿过的雨衣

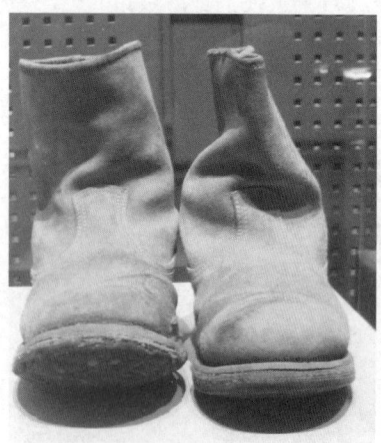
◎ 王进喜跳进泥浆池穿的工靴

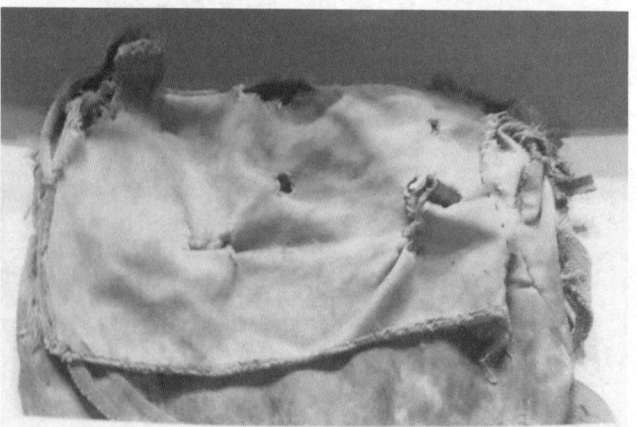
◎ 王进喜"跑井"时背的小挎包

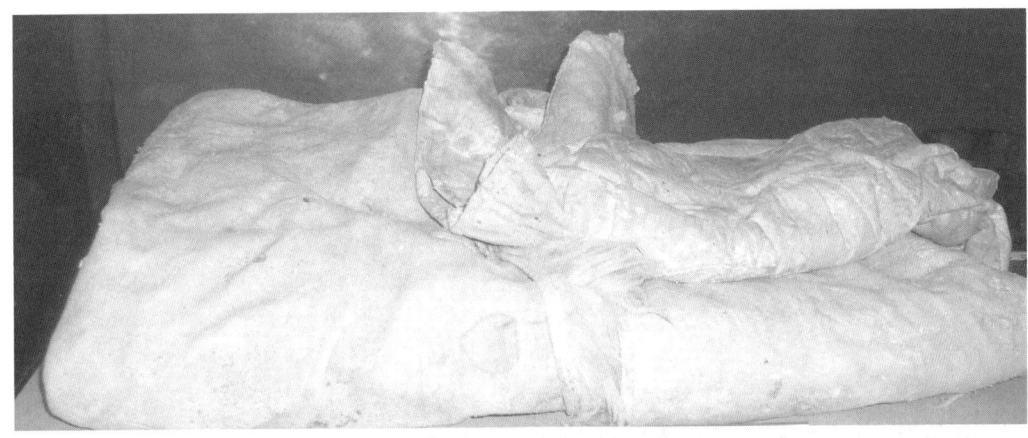

◎ 王进喜穿过的羊皮袄

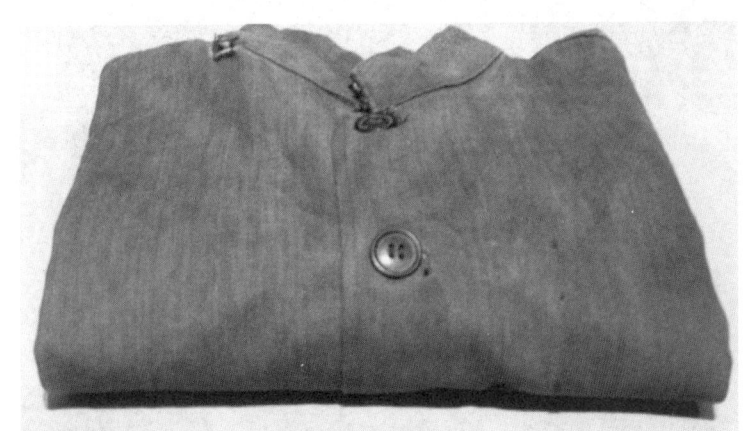

◎ 王进喜在玉门油矿当钻工时穿过的单工服上衣

◎ 王进喜在玉门油矿当矿工时盖的家织合子被

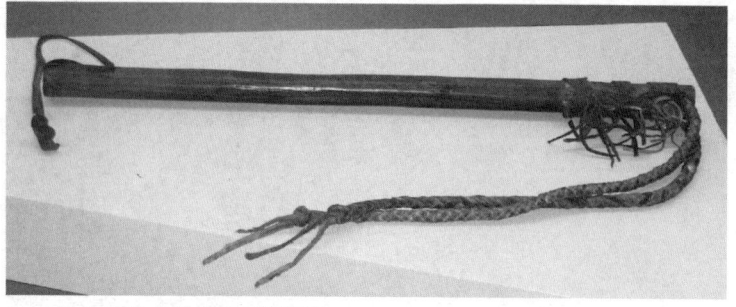
◎ 王进喜给地主放牛时用的鞭子

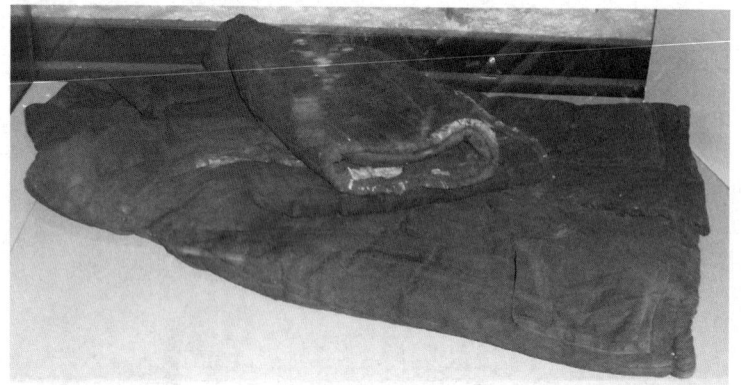
◎ 王进喜来大庆参加石油会战时穿的棉工服

◎ 王进喜大庆石油会战时期用过的东西

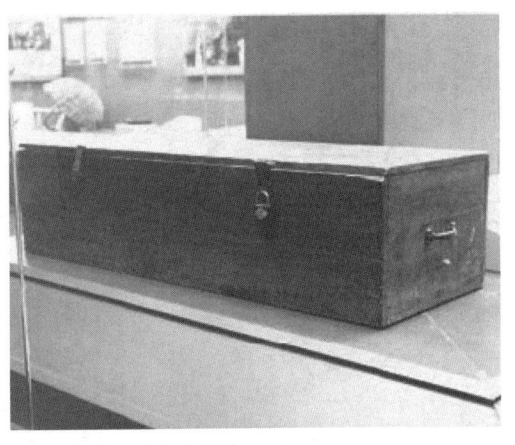
◎ 王进喜用过的资料箱

◎ 王进喜用过的马灯

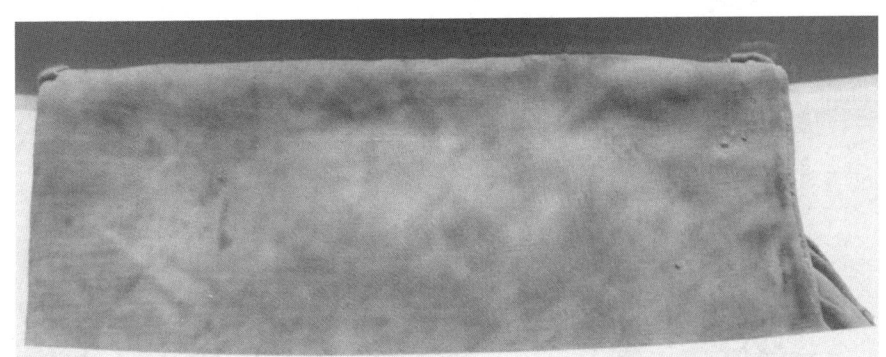
◎ 王进喜用过的工具袋

◎ 王进喜用过的收音机（一）

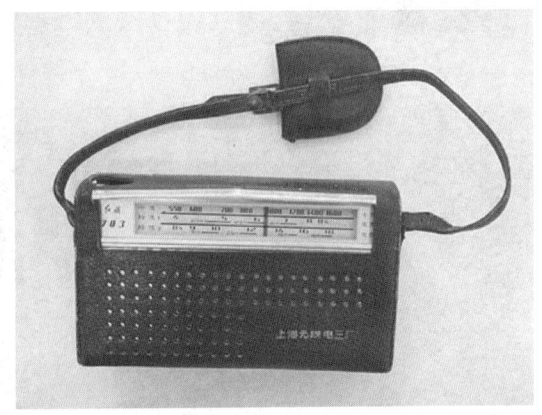
◎ 王进喜用过的收音机（二）

石油老照片

追梦·圆梦

◎ 王进喜从玉门油田带来的秦腔剧本

◎ 王进喜记录生产、生活情况的笔记本

◎ 阿尔巴尼亚友人赠送给王进喜的画册

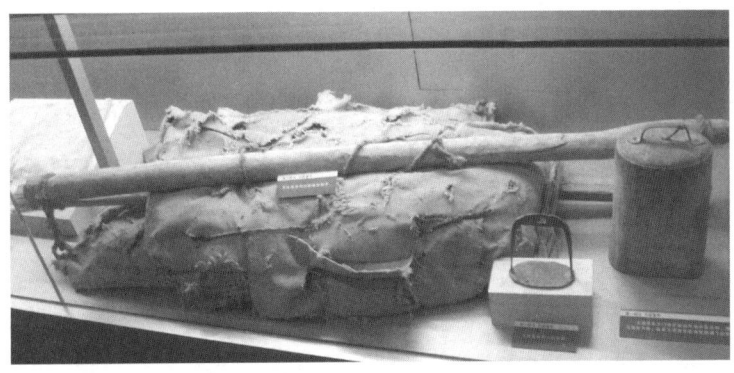

◎ 王进喜使用过的骆驼架子和驼蹬

◎ 王进喜带领工人"破冰取水保开钻"使用的铁锹

◎ 王进喜使用过的摩托车

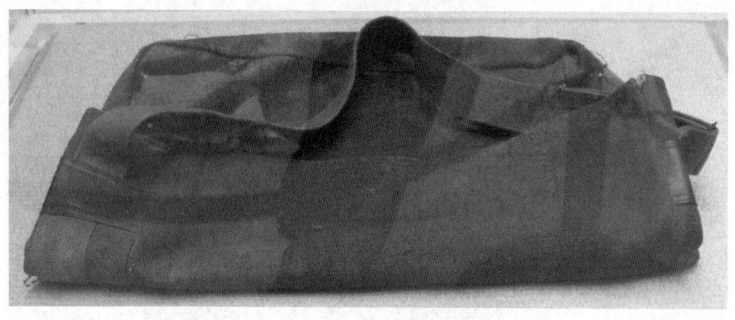
◎ 大庆石油会战时期的帆布工具袋

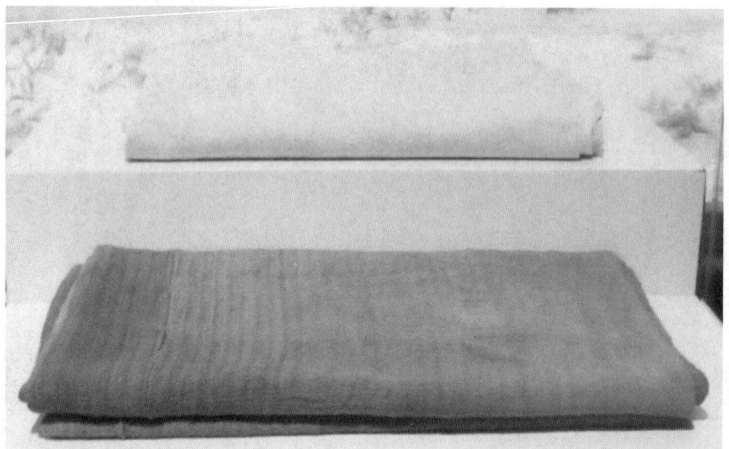
◎ 大庆石油会战时王进喜使用过的行李

◎ 王进喜使用过的铝盔和刹把

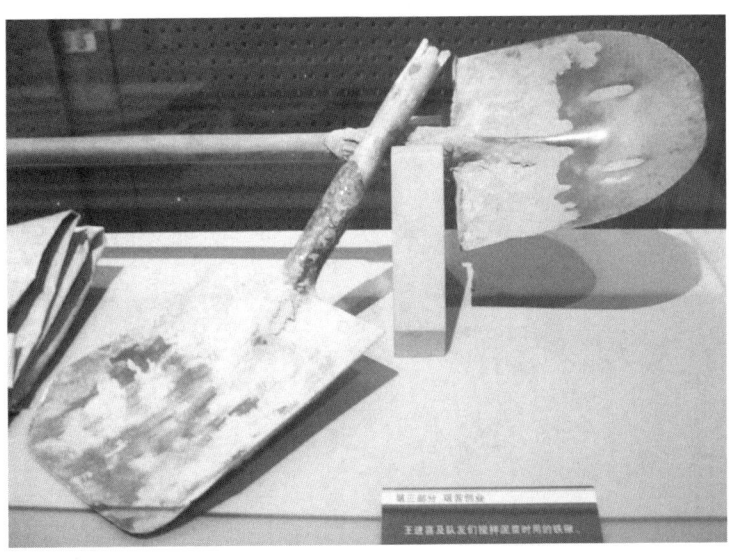

◎ 王进喜及队友搅拌泥浆时用的铁锹

◎ 铁人王进喜参加党的第九次代表大会时戴的毛主席像章

◎ 1959年，王进喜参加建国10周年国庆观礼和全国工交"群英会"时戴的前进帽

◎ 大庆石油会战职工戴的铝盔

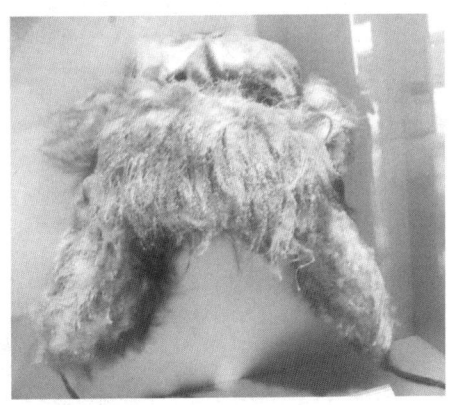

◎ 狗皮帽

石油老照片

追梦·圆梦

◎ 防爆灯

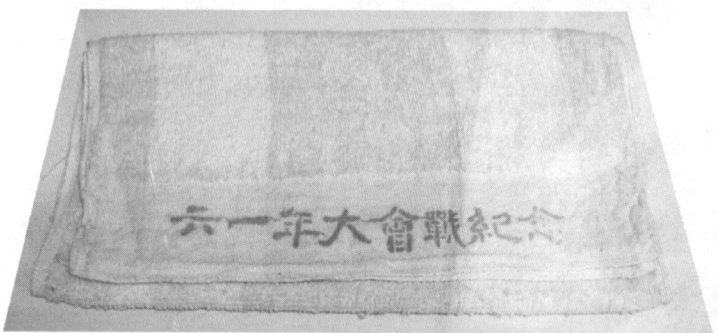

◎ 1961年石油工业部党组慰问会战职工的毛巾

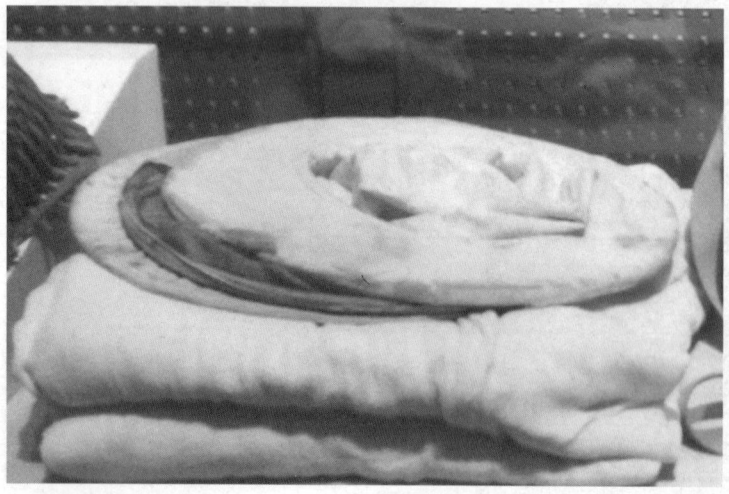

◎ 防蚊帽

◎ 黑板报

◎ 石油会战时,工人食用过的草籽

◎ 新中国成立前，玉门油矿残害工人的脚铐和皮鞭

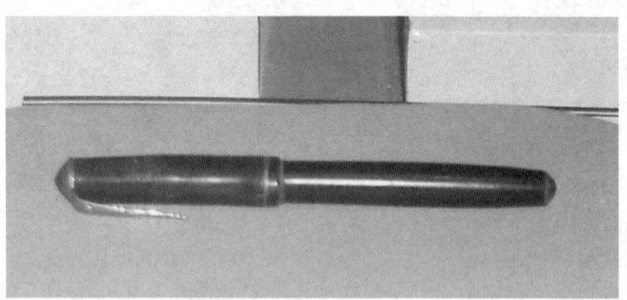

◎ 会战职工使用的金星笔

◎ 1960年，石油会战职工学习使用的《实践论》和《矛盾论》

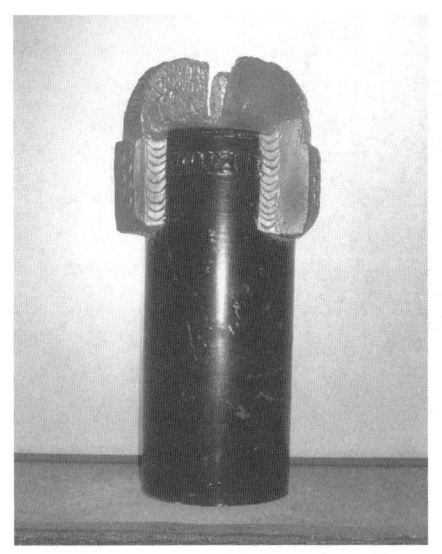
◎ 1960年,王进喜来大庆打第一口井时用的刮刀钻头

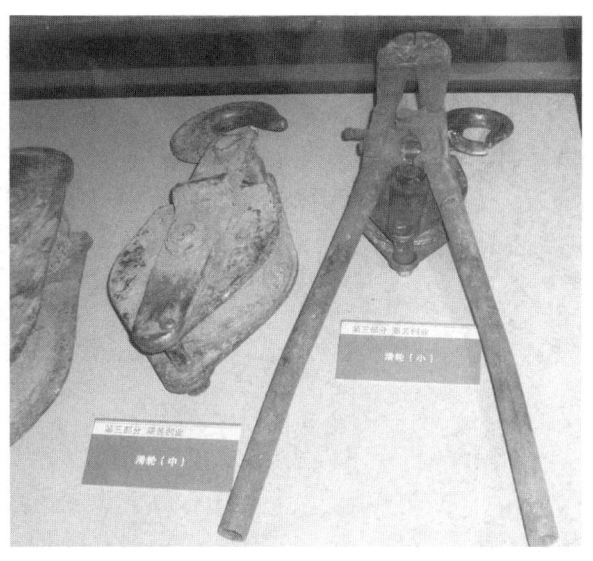
◎ 滑轮

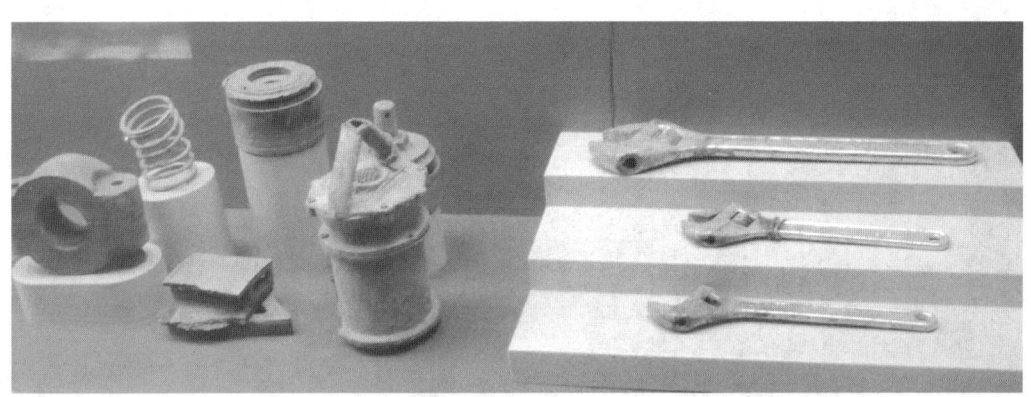
◎ 铁人回收队回收的部分机械配件及回收再利用的工具

◎ 钻井设备（一）

◎ 钻井设备（二）

出版物上的铁人

◎ 连环画

石油老照片

追梦·圆梦

◎ 连环画

◎ 图书

石油老照片

追梦·圆梦

◎ 图书

◎ 图书

石油老照片 追梦·圆梦

◎ 期刊上的铁人

◎《工人日报》上的铁人（1966）

邮票纸币宣传画上的铁人

◎ 宣传画上的铁人（一）

◎ 宣传画上的铁人（二）

◎ 铁人邮票

◎ 纸币正面上的铁人

◎ 王进喜在北京看到公交车背着煤气包（油画）

圆梦

把井打到国外去

精神之火不熄，奋斗脚步不止。铁人老队长的铮铮铁骨，1205钻井队的辉煌历史，激励着1205钻井队第十八任队长李新民时时处处学铁人、做铁人。李新民以"宁肯历尽千难万险，也要为祖国献石油"的忘我精神、"有第一就争，见红旗就扛"的高昂斗志和科学创新的务实态度，胸怀报国之志，追逐"石油梦"。他带领队员终于实现了铁人老队长'把井打到国外去'的夙愿，在海外打出了"中国速度"，叫响了"中国品牌"。为中国石油成功建成"海外大庆"做出了突出贡献。

宁肯历尽千难万险
也要为祖国献石油

（大庆钻探伊拉克哈法亚项目部经理、
1205海外钻井队队长　李新民）

今天，站在这儿，我想起了铁人老队长。50多年前，他也来过这儿，他来北京开群英会，看到首都的大街上，汽车背着煤气包，老队长，铁打的汉子，蹲在路边泪流满面。老队长的心情，我懂！那时，咱们国家缺油，为了甩掉贫油的帽子，老队长把命都豁出去了，才47岁就离开了我们。能成为铁人队的一员，这是我人生最大的幸运。

◎ 李新民在先进事迹报告会上发言

后来，我成为第 18 任队长，对我来说，扛起这面旗，担子太沉了，责任太重了！我必须像铁人老队长那样，把弘扬大庆精神铁人精神作为终生的使命、一辈子的责任。

这些年，出国打井，经常有人问我难不难、险不险？说实话，我们进入的国际石油市场，大多是在环境恶劣、竞争激烈、局势动荡的地区。困难无处不在，危险也时有发生。我们的队友小付，夜里 10 点多交完班，从钻台回营房，刚要开门，突然角落里冲出个劫匪，用枪顶住他的头，房间里还有正在休息的队友，小付大喊一声，给队友报警，劫匪向他连开几枪，小付头部中弹，倒在血泊里，再也没站起来。这些年在海外，我们更加懂得祖国意味着什么。"我为祖国献石油"，绝不是一句口号，它是石油人

◎ GW1205 钻井队平台经理李新民从苏丹 PDOC 公司代表手里接过奖牌

◎ 李新民从钻台上走来

用艰辛、血汗，乃至生命铸成的。

我打了23年井，出国打井也七年多了，要说在国外打井什么最难，还真不是苦和险，而是人家的不信任。刚到苏丹那年，我们所在的区块，要推广水平井，想找一支能挑大梁的井队。我们1205钻井队虽然在国内名气很大，但刚出国，甲方还不了解我们，一开始没想把这个任务给我们。听到消息，我第一时间就去拜访甲方，提出想打这口井；紧接着，就又送去了我们对这口井的分析和全队所有人的请战书。讨论了几天，甲方最终决定，把这口井交给我们1205钻井队。作业部总裁也扔出一句话："李新民，我提醒你，这口井要是打废了，至少两个人得离开苏丹，一个是我，另一个就是你！"实际上，打这种水平井，就是在地质情况很熟的大庆，难度都很大。开钻前，我们梳理出20多条操作要领；一开钻，全队盯紧每一步操作、每一个参数。结果，提前11天，我们就打成了这口井，被称为海外市场的"功勋井"。甲方明确表示：以后这个区块的所有水平井，都优先让1205钻井队来打。

如今，国家的发展催人奋进，伟大的中国梦感召着我们。我们这代人赶上了好时候！我们应该怎么干？我想，一代人有一代人的梦想，一代人有一代人的担当。我作为石油工人，就是要一米一米地把井打下去、一吨一吨地把油采出来，为国家富强、民族振兴、人民幸福的伟大中国梦做贡献。

（节选自中国石油新闻网《李新民同志先进事迹报告会发言》）

跟着新民队长去追梦

(大庆1205海外钻井队平台经理 陈 伟)

我叫陈伟,跟随新民队长打井12年。这里,我给大家讲讲三口井的故事。

第一口井,是在国内打的"老虎井",那口井打得特别难。

2003年,我们接到打井任务。这口井在油田的主力区,地下有100多个油层,薄厚不一,管网纵横交错,还有大段的水淹层。在这儿,要准确地打到油层,非常不容易。稍有不慎,还可能井塌、井漏甚至井喷。

◎ 陈伟在李新民同志先进事迹报告会上发言

开钻后,情况复杂。通常,四五天就能打完1200多米的井,可我们四天才磕磕绊绊地打了200米。交接班,新民队长把会开在了队史室。那天,新民队长凝重地站在铁人老队长像前,坚决地说:"啥是1205人,就是困难面前不低头;啥是1205钻井队,就是敢从'老虎口'夺油!"

接下来,他找遍了这个区块10多年的地质资料,大胆提出用套铣筒往下打的新方法。那些天,他一刻也没离开井场,带着我们一米一米艰难地钻进。最终,硬是把这口井打成了优质井,解决了困扰这个区块多年的钻井难题。后来,用这种方法,救活了三个采油区块,当年就增产原油50多万吨。

第二口井,是在"世界火炉"苏丹,我们叫它"圆梦井"。

◎ 钻井工人在风雨中劳动

◎ 工人们在进行钻井作业

刚到苏丹，就挨了当头一棒。由于海运遇到了大风暴，队里三台发电机，有两台被海水严重腐蚀，彻底趴了窝。更要命的是，苏丹马上就要进入雨季，如果不能按时打完这口井，整个井队就会困在沼泽里。甲方认为不能按期开钻，发来指令：赶紧撤离，修好设备再来！

随后几天，新民队长带着我，到兄弟队去找发电机。苏丹打仗 20 多年，流弹袭击时有发生。三天的时间，我们跑了 1000 多公里，终于找到一台使用多年、正准备大修的发电机，牌子和我们的一样，可型号和功率不同，还得改装。

那些天，新民队长带着我们，整天盯在发电机旁。他一手拿图纸，一手拿电话，让国内专家指导我们改设备。

他一天都睡不上三四个小时。苏丹常年四五十摄氏度,每天喝十七八瓶水,连滴尿都没有。井场上,到处是铁家伙,手一碰就烫个泡。晚上开了灯,周围黑压压、密麻麻的都是蚊虫,在身上一爬就是一溜血印子,又疼又痒。当两台发电机发出轰鸣声时,大家脸上都爆了一层皮,新民队长更是整整瘦了一圈。

刚开钻,新的问题就出现了:借来的发电机,严重老化,转一会儿就高温不下。新民队长果断决定,两人一组,昼夜不停往发电机上喷水降温。就是用这种方法,我们成功打完了 1205 钻井队在海外的第一口井。

第三口井,是在战后的伊拉克,那是一口立标准的井。

伊拉克的哈法亚油田,地层压力大、硫化氢含量高,地质情况十分复杂。在这儿打井,标准高、规范严,钻井

◎ 伊拉克首口井开钻

参数差一点儿都不行。

更难的是,这里的油田多年没开发,我们拿到手的,是 30 多年前粗略勘探的地质资料,许多关键数据根本没有。而且,按照海外属地化惯例,队里一下子来了 50 多个从没干过钻井的雇员。要打井,得先让雇员学本事。新民队长把"青工岗位技校"搬到了海外。我们和雇员结成对子,手把手地教他们怎么打井。

施工中,新民队长白天盯现场,晚上盯电脑,一条一条地整理当天的资料,第二天,再跟甲方监督交流,提出施工建议。井越打越深,新民队长预料的特别准,想出的办法都管用,甲方开始刮目相看。他根据第一手资料,梳理出 10 个不应该、22 条经验教训和 16 项施工标准,制定了当地雇员的培训规范,得到了甲方的高度认同。尽管这是一口 3100 多米的定向井,出现过四次复杂情况,但我们提前 19 天就打完了。

正是有了这口井,我们在哈法亚的队伍从一支变成了五支,在这里,我们是拥有最多订单的队伍。

(节选自中国石油新闻网《李新民同志先进事迹报告会发言》)

幸福的守望

(李新民同志的妻子、大庆第 65 中学教师　王　伟)

我叫王伟,是一名中学老师。和新民结婚 20 年了,我们的儿子今年也要上大学了。

新民在 1205 钻井队一干就是 23 年,从场地工到技术员,从副队长到队长,不管在什么岗位,他总是忙,家里的事总是顾不上。

刚结婚那阵我们住平房,新民六七天才能回一次家。每到夜晚,我又孤单又害怕。怀孕后,我吃不下东西,吐个不停,特别是双腿浮肿得厉害,大风把院门刮开了,我愣是下不了地去关门。新民是个有心人。每次休班回家,

◎ 王伟在李新民同志先进事迹报告会上发言

他都抢着干活；回队前，他会买一堆我爱吃的，有营养的，放在我随手就可以拿到的地方。为了让新民安心工作，每次产前检查我都是自己去。自己挂号，交费，一个人慢慢往楼上的诊室挪。生产前最后一次体检，我挺着肚子小心翼翼地要上产检床，一直给我检查的大夫急了，问我："都什么时候了，孩子他爸怎么不来？他到底是干啥的？"我突然觉得心酸，忍了好一会儿才对大夫说："他是钻井工，在井上，回不来。"

那一年，油田要选派队伍去苏丹打井，新民第一个报了名。知道这个消息，我就特别担心。苏丹远在非洲，长年战乱，武装袭击不断，还有各种叫不上名来的传染病，多危险啊！当时，孩子刚满10岁，老家还有年迈的婆婆。可我了解新民，井是他的命，油是他的魂。

出发那天，新民披红戴花，意气风发地代表队友发言。火车越走越远，转过身，我的眼泪掉了下来。就在这

李新民在复习英语

李新民（中）带领1205钻井队的员工打井

李新民在和妻子一起看国外工作的照片

李新民与妻子在看儿子多年来获得的奖状

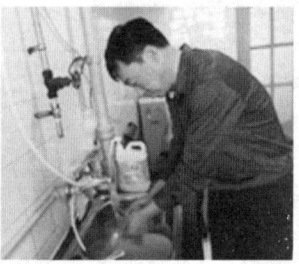
李新民在做家务

◎ 李新民工作生活组图

石油老照片
追梦·圆梦

时,手机响了,是新民!

"照顾好家,等我回来!"这就是我的新民,不管去多远的地方,都惦记着我、惦记着家。

出国头两年联系不方便,苏丹通信设施差,偶尔通上一次话,常常说不上几句,就掉线了。后来,海外网络畅通了,我们就约定在网上报平安。头一回看到新民发回的照片,空旷的荒野上、高大的井架下,新民和队友们自信地笑着,他黑了、瘦了,可笑容还是那么温暖。

一次,公司让我代表远在海外的新民参加表彰会,海外将士们做了一个让我这辈子都忘不了的报告。听到海外时常有抢劫、有爆炸、有伤亡,我才真正意识到危险离新民他们这么近!

自从听完那个报告,我家电视就常常停留在央视国际

◎ 1205 钻井队全家福

频道。不为别的，就想知道新民那边打没打仗，局势怎么样。没有消息盼消息，可有了消息，不是爆炸就是袭击，听完以后心就揪揪着。

新民非常爱孩子。可从小到大，他只为孩子开过一次家长会。那是孩子上高一时，名次一下下滑了100多名。孩子懵了，新民也急了。新民把家长会上老师们的发言内容，仔仔细细地记录了10多页，回到家，给我们娘俩一条一条讲了40多分钟。他对儿子说："学习也像打井一样，先打直井，吃透一种题型；再打水平井、复杂井，关键要掌握方法。"

身在海外，新民跟家里从来只说高兴的事，看他在网上的留言，成天乐呵呵的，好像不知道愁。可是有一天，一向不爱表露感情的新民，突然写道："儿子，这两天爸爸特想你，想得心口疼。小时候爸爸打过你，你还记恨爸爸吗？"儿子的眼睛湿润了，他想了想回复道："老爸，我真盼着您现在就在我身边，哪怕再打我两下呢，我也开心！"过了好大一会儿，新民才回复："儿子，你长大了！"

和新民结婚这20年，我最怕的就是过年。几乎每个春节，都成了我和儿子难过的一道坎儿。新民总是放心不下井队。在国内时，一到大年三十，他就尽量安排队友们回家，自己在井上值班。去海外七年，他只在家过了两个春节。

这些年，新民身上的那股劲儿，也深深地影响和感染着我和儿子，成了我们全家共同的一股劲儿。站在这里，我可以欣慰地告诉大家：我带出的学生中考成绩在全市名列前茅；儿子在刚刚结束的高考中，总分高出重本线108分，报考了理想的大学。回想和新民牵手走过的这些年，作为女人，我就是最幸福的！

（节选自中国石油新闻网《李新民同志先进事迹报告会发言》）

托起中国梦的时代脊梁

(中央人民广播电台记者　张棉棉)

在从伊拉克返回北京的飞机上,望着渐渐远去的沙漠。我想,李新民只是百万石油人中的一员,这些我接触到的海外石油人,从千里冰封的白山黑水到寸草不生的茫茫戈壁,从"世界火炉"苏丹到战火纷飞的伊拉克,在似乎不间断的旅程里,他们在寒夜里默默思念,在阳光下挥汗如雨,在不眠中殚精竭虑;他们,大写尊严,燃烧激情,生动诠释了新时期中国石油人的责任与担当。

我是中央人民广播电台记者张棉棉。因为采访,近年

◎ 张棉棉在李新民同志先进事迹报告会上发言

来我有机会多次走进大庆，认识了 1205 钻井队第 18 任队长——李新民。2012 年 9 月，我前往伊拉克，专程采访正在那里打井的他。

飞机抵达巴士拉机场，我就被套上了 20 多斤重的防弹背心，戴上了 10 来斤重的钢盔，被塞进了防弹汽车。一路上，安保队长死死盯着车窗外，透过车窗，路边不时闪过坦克残骸、被烧毁的汽车轮胎，还有尚未清理的雷区、残存的路障。两个半小时的行程，每隔 10 多分钟，就有一个检查站，荷枪实弹的武装人员，对车上每一个人都要进行爆炸品和人身检查。

我到达了 1205 钻井队的营地。我们的车先经过一条 3 米来宽的深沟，之后又过了两道铁丝网，紧接着又是一条防坦克沟，最后还有一道半米厚的防弹墙。同时，营地每个角落都有全副武装的安保人员。

◎ 伊拉克第一口井开钻

在营地，没见到李新民，工友告诉我，他肯定在井场！果然，在那里，我见到了他。

9月的伊拉克，地表温度高达60多摄氏度。爬上钻塔，这时的李新民正穿着厚实的工服，站在钻塔上指挥着钻井作业，他的衣服早就被汗水浸透，紧紧粘在了身体上。

在伊拉克，李新民带领他的队伍，已经打下了23口井，井深都在3000米以上，创下了六项哈法亚钻井纪录。

那几天，我住在密封严实的营房，可沙尘暴的随时来袭还是让营房里沙尘弥漫，嘴里、鼻子里都是沙子。在李新民的营房里，我看到了一张照片。照片上，是一辆曾经纵横于沙漠公路的防弹汽车，这是一辆AK47十二连发都打不穿的越野大吉普，然而一个触目惊心的大窟窿赫然出

◎ 李新民与外国儿童在一起

现在车后身,车皮向外翻卷,有烧焦的痕迹。李新民告诉我,那是2010年的一天,几个中方员工乘车去井场,一枚火箭弹紧贴着车后排座,穿车而过。

在异国他乡,如何把不同国籍、不同肤色员工组成的1205钻井队拧成一股绳?李新民的队友给我讲了一个"小骆驼"的故事。

"小骆驼"是一位当地雇员。1205钻井队有给队友过生日的传统,在登记他的生日时,他说:"我不知道是哪天,妈妈说,我是和家里的小骆驼一起生的!"李新民就告诉厨师,把进队那天当作"小骆驼"的生日。第一次过生日那天,面对蛋糕、蜡烛,"小骆驼"双眼闪着泪光,在汉语、英语和阿拉伯语混唱的生日歌中,他没有先去吹蜡烛,而是张开长长的胳膊,给了李新民一个拥抱。

采访中,一位外籍甲方监督对我们说的第一句话就是:"Manager Lee,是我们见过的意见、建议最多的平台经理,但却赢得了我们最多的尊重。"当年,大庆钻井队不是最早进入哈法亚的队伍,但目前,却是哈法亚拥有最多钻井订单的队伍。

在从伊拉克返回北京的飞机上,望着渐渐远去的沙漠。我想,李新民只是百万石油人中的一员,这些我接触到的海外石油人,从千里冰封的白山黑水到寸草不生的茫茫戈壁,从"世界火炉"苏丹到战火纷飞的伊拉克,在似乎不间断的旅程里,他们在寒夜里默默思念,在阳光下挥汗如雨,在不眠中殚精竭虑;他们,大写尊严,燃烧激情,生动诠释了新时期中国石油人的责任与担当。正是他们,共同构成了这个时代的"中国脊梁"!

(节选自中国石油新闻网《李新民同志先进事迹报告会发言》)

"把井打到国外去"
——记"大庆新铁人"李新民

1967 年 6 月,李新民出生于黑龙江省泰来县的一个偏僻农村,父母都是日出而作、日落而息的淳朴农民。家中有七个孩子,由于家庭成员较多,即便是父母没日没夜地辛苦劳作,在村中仍是个难偿温饱的"大户"。但李新民的父母也有着普天下父母最为坚定和基本的想法:不管多累多苦,孩子一定要有书读!

人们都说,"穷人的孩子早当家"。在李新民家中的七个子女中,大哥及三个姐姐都在外地求学,一年难得回来一次。排行老五、身为次子的李新民不得不过早地结束了

◎ 1205 钻井队第 18 任队长李新民

本已短暂的孩童时代，年纪不大便开始在读书之余，帮父亲农作，帮母亲照顾弟妹，早早地分担起了家的责任。

一边读书、一边农作的日子固然艰辛，却也平淡无奇，李新民一直在按他的想法和目标而努力。可初二那年，父亲因积劳成疾、久病不医而患上了肾炎，11岁的妹妹因年幼体弱、营养不良而患上了肺炎，七岁的弟弟又在放马途中不慎摔断了腿……一系列突如其来的不幸，让这个本已贫困艰难的家庭更如雪上加霜，同时，也无情地中断了李新民对未来怀有的美好憧憬和愿望。当时，李新民每次考试的成绩都在班里的前10名。

◎ 李新民在擦拭设备

◎ 李新民在检查设备

14岁的李新民辍学了。陡增的大量医疗费和主要劳动力的缺失，使家里的日常生计都成了问题，他变得更加沉默寡言，只能用一个孩子的瘦弱肩膀，默默地代替父亲承担起了家里的所有重活儿。父母一直以来的教育和影响让他觉得：不管什么时候，支撑起和照顾好这个家，都是自己必须担负的责任，不管多苦多难，只要坚持住，没有过不去的坎儿！在李新民全家最困难的时候，村里的生产队得知了这一情况，把救济款和救济粮送到他家中，并决定在今后每年由村里资助他家200元钱，组织村干部和村民承担了他家里全部的重活儿，学校也免除了李新民的全部学杂费。突如其来的幸福，驱走了一切不幸的阴霾，也就是这个时候，在李新民的脸上见到了笑容，也在他年少的心中，深深埋下了一颗爱党、爱国的种子，日渐成长。

辍学三个月后再次重回学校的李新民，更加倍地珍惜这来之不易的学习机会，还有了自己更为远大的抱负和理想：自己的努力，不止是要回报辛苦养育帮助自己的父母和乡亲们，更要回报党和国家！当时，正值全国上下都处于学铁人、学大庆的热潮，李新民手捧着崭新的课本，当读到关于铁人的故事时，不仅热血沸腾、心潮澎湃。原来在离自己家乡几百里外的地方有这样一片神圣的土地——大庆油田，有那样一位民族英雄——铁人王进喜。也就是从那一刻起，他给自己定下了人生的新方向：去大庆，当铁人，做个报效祖国的英雄！

1990年7月，从大庆石油学校毕业后的李新民如愿以偿地分配到了1205钻井队，正式成为钢铁钻井队的一员。

虽然在走出校门时，他就早已做好了吃苦的准备，觉得自己是个实打实的农村孩子，肯吃苦，也能吃苦，凭着一身的热情和冲劲儿，就一定能像老铁人那样为国家做贡献。可当他真正融进那机声隆隆的"战场"，才真正明白了"苦"和"累"的分量。

◎ 李新民在操作间操作钻机

钻井作业三班倒，在钻台上一干就是八小时，最难熬的是上零点班，到了炎热的夏天，外面蚊虫叮咬，野营房内还没有空调，闷热得喘不过气来，到了半夜才能睡着，可还没睡一会儿，叫班的敲门声就响起了。在每口井加重时，每人要搬运两吨的重晶石粉，身材瘦弱的他，经常累得连饭都不想吃。

对他触动最大的是铁人队的那种氛围，整个队伍团结向上，人人在作风技能上力争上游。绝不能给铁人抹黑，几乎是每个队员的口头禅。

报效祖国、报答亲人的强烈渴望，与自己技术、技能的实际状况形成巨大的反差，磨炼着他的肉体，更煎熬着他的心灵。当时李新民的体重还不到100斤，再加上刚出校门，技术要领掌握得不准，每次打大钳都他扣不上钳框，甚至在班组竞赛中，他还因技能不过关而被撵下钻台……这让李新民感到脸红心热：连自己分内的活儿都干不好，还怎么讲回报、当铁人？于是，李新民开始苦练技能，每次甩完钻杆后，他就上钻台练习打大钳，一次不成十次，十次不成百次，胳膊抢肿了，手磨出了血泡，也全然不顾。经过千百次的苦练，终于全面掌握了操作要领，打大钳一把成，下卡瓦一卡牢，对丝扣一下准，很快达到了操作自如的程度。

李新民是个沉默寡言的人，没事的时候，他总喜欢沉思。他觉得，井队的工作整天和钢铁、泥浆打交道，看起来是粗活，干起来却是细活，没有一定的专业技术水平是不行的。为了做一名技术精通的钻井工人，李新民潜心钻研钻井工艺技术，努力实现从理论到实践的飞跃。起初，他对测斜技术不熟，为了增加学习锻炼的机会，他不分哪个班，告诉场地工当班测斜时一定要通知他，即使是深更半夜，也立即爬起来上井学习。为了让自己技术更加全面，他先后干过场地工、内外钳工等，通过勤学苦练，全部掌握了钻井队六个操作岗的操作技能，成为1205钻井队里的一名"全能选手"。功夫不负有心人，1992年4月，毕业不到两年的李新民走上了1205钻井队技术员的岗位，并在几年以后被任命为1205钻井队副队长。

在一口疑难井的施工中，因井下复杂的原因，发生了卡钻事故，整整一个月，他天天盯在井上，不漏过每一个环节，把分析出的地层构造、卡钻原因、采取的技术措施和处理卡钻的经过都详细地记录下来，困了就靠在值班房打个盹，饿了就吃口凉馒头。师傅们看他熬红的双眼和突起的颧骨,心疼地说:"小李,你不能总这样熬啊,去休息一下吧!"可是,李新民心想,处理好这起事故,能积累许多宝贵的经验,为下步在这一区块施工打下良好的基础,再苦、再累都值得。

就这样,这口疑难井攻下来,李新民人瘦了一整圈,资料却记了一大本。同志们都夸他,这个技术员够格。

1998年7月暑假,李新民的妻子、中学老师王伟带着三岁的儿子回讷河老家,因为井上工作忙,李新民没有去送她们。20多天后,妻子给李新民打电话,希望李新民有时间来接一下自己和孩子。想想孩子那么小,自己正好又休班,李新民痛快地答应了。

赶回老家的第二天,接连晴朗的天气突降起大雨来。本来想到家看看、呆一天就走的李新民,耐着性子等到了第三天。天气仍然是时好时坏,从嫩江方向却传来洪水发

◎ 李新民从井场回来,就抓紧时间学习钻井技术知识

作、铁路被淹、火车停运的消息,家人们都说:"新民难得回来一趟,人留不如天留,趁着这个机会就多住几天吧。"

这时,电视新闻中播出了大庆油田附近发生洪水险情的消息,一些油田设施已经受到了严重威胁。自己队上的情况怎么样?生产是否被耽误了?李新民的心像长了翅膀一样,早已飞回了相隔几百里的井场上。外面的雨下得急,李新民的心里更急,再也不能呆在这了,得想办法回去。

看着他坐卧不宁的样子,妻子知道他的心里惦记着井队,留也留不住,就悄悄地让弟弟想办法雇了一辆小客车,不顾父母家人的苦苦劝阻,毅然踏上返回大庆的路。本来就路况不好的砂石公路,在雨水的冲刷下,越发泥泞。小客车艰难缓慢地前进着。下午16时,车临近泰康地界,已经可以看见零星的采油树了。离大庆越来越近

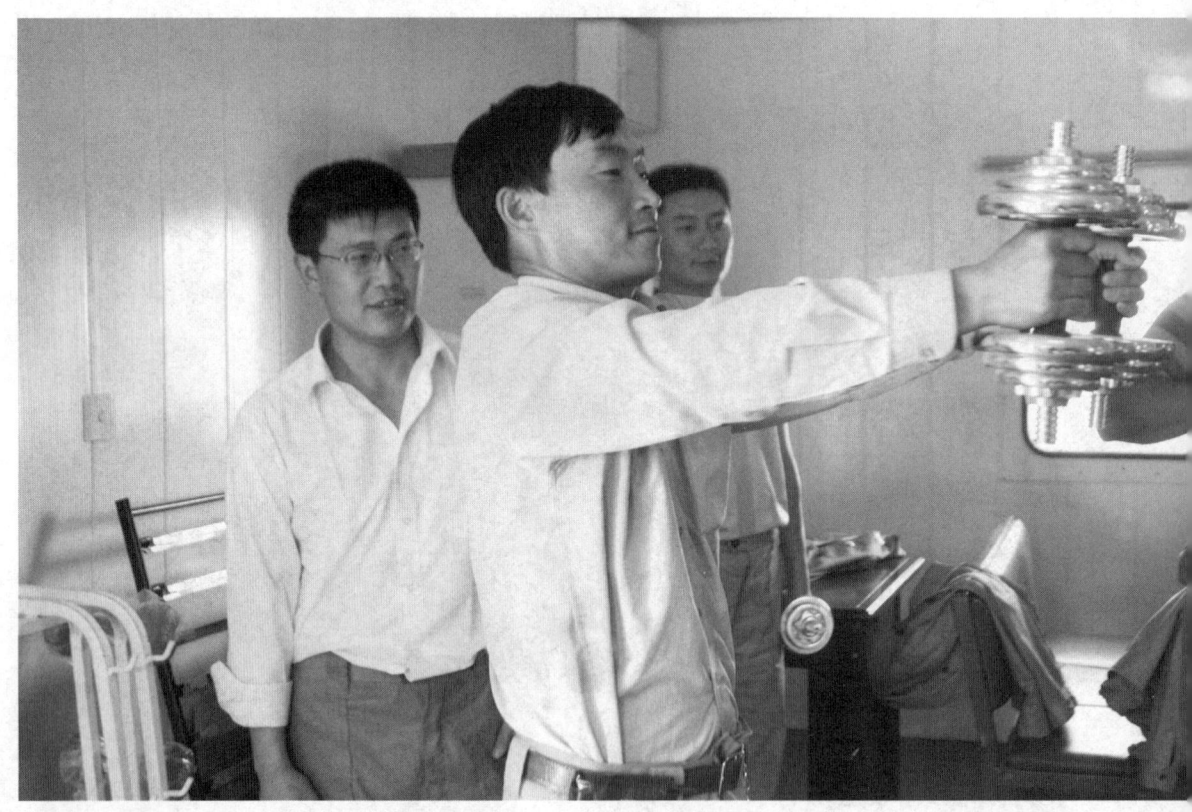

◎ 李新民与队友一起参加业余活动

◎ 李新民在海外项目培训班开学典礼上

了，离自己的井队越来越近了，李新民一颗沉重的心略微有些放松下来。就在一家人准备缓口气的时候，前方陆续有车往回返，原来，公路被大水阻断了。

车是没法再往前走了，是返回去讷河，还是想办法回大庆。李新民用探询的目光注视着妻子，妻子了解他的心情，更了解他的脾气，坚决地说："开弓没有回头箭，走也要走回大庆！"就这样，一家人顺着铁道线整整走了四个多小时，在天黑前才搭上一辆返回大庆的卡车，费尽周折的一家三口，终于在凌晨两点回到了自己的家。归队心切的李新民只在沙发上眯了一会儿，天刚蒙蒙亮，就踏上了返队的归途。

1995年，李新民担任了1205钻井队的副队长，作为管理干部，可以不用替工人顶班上岗，可他却从不把自己当干部，仍然坚持与工人同吃同住同劳动，一起摸爬滚打。一次，有名司钻家里有事请了20多天的假，他马上顶替这名司钻上岗。当时冰天雪地，天寒地冻，北风呼呼吹，晚上气温达到零下30多摄氏度，李新民就穿上两套棉衣、棉裤，本来他穿41号的鞋，可他却穿上了44号的鞋，就为了能穿上两双袜子，然后戴上厚厚的狗皮帽子，在钻台上一站就是12小时，一直坚持了20多天。在这些日子里，他除了顶班干好司钻外，还要尽到副队长的责任，做好分内的工作，始终保持着"当了干部还是工人"优良品质。

2000年以来，为了更好地维护国家能源战略安全，大庆油田积极落实中国石油天然气集团公司"走出去"战略，一些兄弟钻井队开始陆续挺进国际市场。在欢送兄弟

◎ 李新民在擦拭设备

井队出征的大会上，李新民自始至终不敢与领导和同事们有目光的接触，他感觉大家都在用异样的眼光看着他。"把井打到国外去"是铁人老队长生前的夙愿，作为传承铁人的队伍，第一个实现这个愿望的居然不是1205钻井队，这着实让一向不服输的李新民内心受到了一个巨大的冲击。李新民暗下决心，一定要到海外打井，站在维护国家能源战略安全的最前线。

李新民多次去找领导表明要"走出去"的想法，但由于钻机型号、队伍资质等客观条件的原因，他的愿望始终没有实现。不能等到万事俱备的时候再出去，必须现在就积极准备。李新民开始从细节做起，努力提高队伍应对国际竞争的能力。李新民组建了1205钻井队"青工岗位技校"，让新毕业的大学生给职工上英语课，同时，他还把一些有海外钻井经历的人员请到井队，为职工详细介绍国外施工经验、风土人情，使职工比较直观地了解海外施工情况。为了快速提高职工的外语水平，他坚持让职工用中、英文记生产报表。钻井工具和材料上的标识卡都要有英文标注。他还专门在井队交接班的工房里悬挂一块小黑板，写上常用的英语单词和语句，通过日常积累提高职工的英语水平。

长期以来，1205钻井队长期在大庆油田老区打井，以打1500米到3000米井深的直井为主，所使用的都是30

◎ GW1205钻井队项目经理李新民给党员骨干讲党课

钻机，但国外的井一般较深，都是 4000 米以上的定向井、水平井，需 40 以上的钻机才能适用，对钻井设备、钻井技术及施工水平都等方面的要求非常高。找到了差距，李新民意识到必须尽快实现由单一井型向多种井型的转变！接下来的时间里，李新民一得知哪个井队在打特殊工艺井，就赶紧跑过去学习请教。为了让全队员工都能掌握特殊工艺井施工技术，李新民还多次带着技术员专门到深井钻井队学习施工技术，并模拟国外的管理模式进行试验钻井，使 1205 钻井队走出国门提前完成了技术储备，具备了多种井型施工能力。

◎ 李新民在井场

2003年10月，1205钻井队通过了HSE和ISO 90000认证，获得了中国天然气集团公司甲级钻井队资格，拿到了挺进国际钻井市场的通行证。2006年2月，1205钻井队终于中标苏丹3/7区块，成功地走向了国际钻井市场。

2006年3月20日，首次走出国门的GW1205钻井队抵达了苏丹3/7钻井区块GVBDIM—1号钻井区——一片与世隔绝的热带森林。不顾旅途劳累，20几名队员人拉肩扛，当天就将能装满110辆卡车的钻机设备从集装箱里卸了下来。然而，在海运途中，带来的三台3512B型发电机有两台不能使用，使钻井设备的安装调试一时无法进行；4月6日，在检查电控房时，发现一块电容板在运输中被损坏，18块电容从板子上掉了下来。还有不到两个月，苏丹的雨季就要来临，如在此之前不能完井，钻机设备将被

◎ GW1205钻井队与甲方合影

困井场。在这种情况下，甲方认为按时完井已根本不可能，建议井队最好撤出井场。

为了保障队伍声誉，确保4月13号开钻，李新民急了！他对大家说："铁人队伍走出国门，不能见难就退，既然来了，就不能丢国家的脸！"当地3月份，气候异常炎热，地表气温70多摄氏度，空气温度能达到45摄氏度，钢铁的井架，热得烫手。在外面晒半天，崭新的工服上就布满了盐渍，用手一碰都能往下掉盐粒；脸颊晒得发红，不敢用手洗，只能用水往脸上泼。李新民和工程师岳保国、电器工程师伊兴刚等人，为了工作，带着厚厚的手套，鼻子、耳朵都被晒掉了皮，露着红红的血丝，被汗水浸得又疼又痒。困了，就在车上打个盹；饿了，就啃一口面包。只要是有点精神，能爬起来，就在现场修；实在没劲了，躺在配电柜里稍微休息一下，再坚持修。经过两天两夜，他们终于搜集齐了所有砸坏的部件，然后，把每个电容清洗、精加工一遍，并将电容板装到电柜上，保证了正常运转。

4月8日，他们从同在苏丹施工的辽河井队，借来了一台即将返到喀土穆大修的3512A型发电机。将3512B型发电机与3512A型发电机匹配在一起使用，这项工作从来没尝试过。如何让控制系统"指挥"两台不同型号的发电机？这让大伙儿费了不少脑筋，最后，他们试着拆掉两个电阻后，终于可用了。但是，当拉到4000千瓦以上时，里面的温度会往上蹿，不及时降温将有报废的危险。在打第一口井的时候，李新民亲自拿着水枪，与队员一起每天24小时不停地往机器外面浇水降温，冒着40多摄氏度的酷暑和震耳欲聋的打钻声，连喝水都不敢眨眼睛。就这样，保证了施工的顺利进行。李新民带领队伍凭着高昂的热情、无畏的执着和坚韧的毅力，仅用17天就成功打完了走出国门的第一口井。交井时，甲方连声说："你们真是了不起!"

为了打开工作局面,李新民就这样连续四五个月,休息时从没脱过工衣,从没睡过一个囫囵觉,连行李卷都没打开过。

在海外工作将近六年,李新民历任GW1205钻井队平台经理、大庆油田钻探工程公司伊拉克鲁迈拉项目部副经理、哈法亚项目总指挥。但不论在哪他都始终牢记铁人老队长的那句话,就是当了干部还是钻工,遇到什么事都冲在前、抢在先,始终把自己当成普通的工人。

（大庆钻探工程公司供稿）

1205 钻井队的硬汉们

1205 钻井队是一支团结的队伍，是一个奋进的集体，在这个集体中生活着一群快乐的硬汉们，他们有着许多感人的事迹。

1205 钻井队最年轻的队长申冠

1980 年 5 月，20 岁的申冠，告别了层峦叠翠的伊春林区来到大庆油田，分到了他仰慕已久的铁人钻井队——钢铁 1205 钻井队。

在这里，他听到了许多铁人的故事，铁人那种"宁肯少活二十年，拼命也要拿下大油田"的艰苦拼搏、无私奉献的精神，深深地打动了申冠。他常说："铁人是真正的钻工，要干，就要学铁人的样子。"

学铁人的样子，就意味着多吃苦。1981 年夏，1205 钻井队在高台子打井。当时天气奇热，很多人都病倒了，井上人手很缺。申冠看在眼里，急在心上。一连几个班不离钻机。缺场地工，他是场地工；缺外钳工，他马上抄大钳；缺井架工，他的身影就出现在高高的井架上。队干部几次劝他吃饭，他动也不动。支部书记看着心疼，连忙跑回食堂，捞上几块肉骨头送到井上。申冠手也不擦，抓过骨头，"吭吭"啃上两口，狼吞虎咽地吃下去，转身又干上了。那时候，像这样几个班连着干，一干就是十几个小时，对申冠来说，是家常便饭。1982 年，井队上百万

◎ 1205钻井队第12任队长申冠

米,申冠起早贪黑地干,累得慢性阑尾炎犯了,疼得直不起腰。队里前脚把他送进医院,他后脚就拎个药瓶子跑了回来。他说:"队里上百万米,我得在。"老师傅们又心疼又生气,说申冠这人干活太"虎"。队干部也都说申冠"虎",但他们喜欢这种虎劲。他们说:"申冠干活是'虎',敢打敢拼有虎劲。他是我们队上的小老虎。"在龙虎泡和葡北地区打井时,雨季一到,井场异常泥泞,载设备的车辆常常陷进芦苇塘,申冠每次都是第一个跳进泥水中,用双手抠泥保搬迁。有次一连几口井都已经打到了油层,但重晶石粉运不上去,申冠当时患上了重感冒,队长特别嘱咐他在驻地休息,可他听到石粉来了,就一溜小跑上了井,和工人们一起扛运石粉,保证了正常生产。

别看申冠干活"虎",但在学技术上却不打一点马虎眼。当时队上就有人给他总结出个"三有瘾":干活有瘾、挨累有瘾、学技术有瘾。队里当时有个练兵台，是供钻工学技术用的。那时候，申冠下井后的所有时间几乎都泡在练兵台上了。无论刮风下雨，练兵台上总有他的身影。一听到练兵台上有动静，不用问，不用看，准是申冠。刚引进美国钻机那会儿，申冠在东风接待站接受培训，因为新钻机配的是英文材料，学习起来常遇到很多困难。他就天天跟着培训班的翻译，不管什么时候有不懂的就问。在理论学习阶段，他写下了13万多字的学习笔记。实际操作时，他满井场飞奔，整个钻机让他上上下下摸了个遍，很

◎ 钻井工人冒雨开钻

快就掌握了美国钻机的全部性能和操作技术，在培训结束考试中，申冠又拿了理论、操作双第一。辛勤的汗水换来了丰硕的果实。很快，申冠就成了队里的技术骨干。队里遇到什么技术难题，总是习惯地找申冠。那一年，在外围打井遇上了流沙层。几次冲击，都没冲过去。进尺遇上了"拦路虎"。怎么办？队长火了，吼道："让我们的'老虎'上！"申冠上来了，他仔细分析了地下情况，及时调整了钻头水眼，很快就冲过了流沙层。1983年，1205钻井队在中区打调整井，下套管时，队里决定让申冠上。他上来后，从3寸开始，下到5寸半，仅用了两个多小时，就下完了1100多米套管。大庆油田当时一直为下套管而担心的技术"大拿"孙永西高兴地说："我当了这么多年的技术员，这么棒的小伙子还是头一回见。"申冠就是这样，以自己艰苦的努力赢得了领导的信任、队友的尊重和爱戴。入队后多次被评为先进模范。

　　1985年5月30日，对申冠来说是一个毕生难忘的日子。这一天，25岁的申冠被任命为铁人队队长，成为该队历史上最年轻的队长。他感到一种从未感觉过的压力。当时，1205钻井队使用的是新从美国引进的威尔逊65型钻机，是当时世界比较先进的钻井生产设备。申冠想，使用不好洋设备，生产搞不上去，1205钻井队的光荣牌就会黯然失色，这不仅给大庆人抹黑，而且外国人也会耻笑我们中国人。为此，他一边用铁人精神鼓舞全队同志学习掌握钻井新技术，一边攻克新钻机的各种技术难关，他用业余时间编写了六万多字的讲课教材。1985年，1205钻井队是在大庆外围的龙虎泡油田打井，由于地势低洼，打井难度相当大。这种钻机性能虽然比较先进，但不适合在低洼沼泽地使用。整个钻机60多吨重，两口井之间距离300米。怎么把60吨重的钻机从这300米烂泥中搬出去？这是一个大难题。国产钻机都是用拖拉机，有时十几台拖拉机排成队拖。可美国钻机太娇气，硬拖怕拖坏。一部进口钻机几百万美元。拖坏了不得了。怎么办？大家想出个办法，用钢管和钢板焊了个20多米长、4米多宽的大爬犁，把钻机开到爬犁上，然后集中十几台拖拉机往前拖。由于钻机太重，爬犁全部陷进泥里，钻机前拖起的烂泥堆起来一米多高。申冠二话不说，带着大家就跳进泥水中，一锹锹地挖开烂泥，一寸寸地往前移动钻机，钻机载车底下被烂泥托住，他就钻到车下，在泥水中，一点一点地用手往外抠烂泥。手指磨出了血，当时一点也没感觉疼，300米的距离，有时要40多个小时才能搬过去。一个雨季他们要打十几口井，就要搬动十几次钻机，几乎每次都是这样。钻一口井要用各种材料100多吨，有时送料车离井场一二百米就开不进去了，这时井上又急需材料，他就带领大家去扛。一根套管200多公斤，一袋重晶石粉25公斤，还有水泥、膨润土等。4月份，沼泽地刚开化，半米来深的泥水中根本穿不住靴子，申冠就光着脚，有时连上衣都甩掉，脚被芦苇扎破，脚上血迹斑斑，可他从来没有退缩，咬紧牙拼命干。5月中旬，1205钻井队打的一口井发生井壁拥塌，处理不好井就要报废，一口井成本30万元，申冠急了，跟大家立军令状，就是把命搭上也得把井保住。一连四天，申冠没脱衣服睡觉，有时困极了就躺在板凳上打个盹儿。在打井最紧张的三个月里，他的体重减轻了三公斤。这一年，1205钻井队打井总进尺达到了37000米，创出了用美式钻机月进尺5000米的记录。在全国石油系统同类钻机中，各项生产技术指标都排在前面，获得了石油工业部颁发的金牌。1986年和1987年，1205钻井队又连续夺得了金牌，实现了三连冠。

　　1988年，申冠又瞄准了一级队目标，准备再上一个台阶。由于1205钻井队过去一直打开发井，也就是在新油区打井，这次在老油区内打调整井，经验不足，所以出

◎ 1205钻井队获石油工业部颁发的奖牌

师不利,第一口井就发生了卡钻事故。钻头在900多米深的岩层中钻不动又提不上来,处理卡钻事故,短的几个小时就能解除,长的可能拖上几个月。当时,申冠被选为全国人大代表,在北京参加七届人大一次会议。会一散,他立即赶回大庆。当时1205钻井队生产进度表上排在第31名。许多人都说铁人钻井队今年上一级队是没有希望了。但申冠没有气馁,为了适应打调整井,他在人员、技术、设备、管理各方面采取了一系列措施,取消了大班,加强了各小班力量,更换了泥浆泵水龙带,把泵压提高了1/4以上,使钻井速度有了很大提高。5月份,1205钻井队的生产指标直线上升,实现了"五开四完"。根据5月份的钻井情况,他又提出6月份"六开六完",这在全国同类钻机中是从来没有的记录。为了实现"六开六完",申冠把宿营房拖到井场,要求队干部24小时顶在井上。钻井是个十分复杂的工程,要许多单位配合。为了加快速度,申冠整天跑各有关单位,联系测井、固井、搬家,尽可能加强各道工序衔接,提高钻井速度,一步一步地往上追,两排井相距300米,两部钻机像赛跑一样,越来越接近。6月份的最后一天,1205钻井队打完了第六口井,胜利地实现了"六开六完"。到1988年底共打井33口,进尺37000多米,在葡萄花油田打井的五个钻井队中名列第一,胜利跨入国家一级钻井队的行列。

  1991年,按照组织安排,申冠离开了为之奋斗了11年的1205钻井队,走进了中国人民大学的课堂。他深深知道:要想让铁人队的旗帜永远鲜艳,永远占排头、争第一,光有铁人那种"人拉肩扛运钻机"、"破冰取水保开钻"的奉献精神还是不够的,必须以科技为先导,用知识武装铁人队,不仅要在打井口数、进尺上继续保持领先,还要在效益上、管理上体现出铁人队的水平和风范。为此,申冠将打井中那股"虎"劲都用在了学习上,拿出铁人那种"识字搬山"的学习劲头,把图书馆、教室变成了他的新"井场"。学校里的年轻学子们常常看到一个行色匆匆的青年人,夹着书本穿梭往来于教室、图书馆之间。在人民大学的四年时间里,申冠仿佛是个刚学会吃奶的婴儿,拼命吮吸着知识的乳汁,不断成长着。在这时,申冠的头脑中已经有了新的目标——那就是让1205钻井队成为管理、技术方面的标杆。

  2003年,申冠从井田实业公司又回到了他日夜牵挂的1205钻井队身旁,任1205钻井队所在单位钻井二公司副经理。上任的第一天,他第一件事就是坐车飞奔到1205钻井队井场,听到那熟悉的钻机轰鸣声,仿佛是母亲在轻轻呼唤远游归来的孩子,申冠的记忆又恍惚回到了那火热年代。那时的1205钻井队已经更换了较为先进的变频式钻机,打井速度位居同类型钻机前列。申冠时刻关注着

1205钻井队、关心着1205钻井队。每次跑井队,总是要到1205钻井队去看看,用他自己的话说,1205钻井队就像自己的家,吃饭都比别的地方香。1205钻井队的职工也戏称申冠是他们的常务队长。在管理上,申冠对1205钻井队更是严格要求,他常说:虽然现在技术进步了,设备先进了,但铁人"三老四严"的工作作风不能丢。他是这么说的,也是这么做的。每次到1205钻井队,他总是要仔仔细细地检查工具摆没摆齐,井场规格化做得到位不到位。他始终坚持认为:1205钻井队和别的队不一样,铁人带过的队伍,就要有铁人的样。

2006年,1205钻井队承担了长水平段取心井的施工任务,由于取心长度较长,大庆油田又缺乏长水平段取心的经验,在施工中面临着很多技术难题。申冠着急了,他

◎ 汽车动不了,运输职工就人拉肩扛运物资到井场

带领技术人员在 1205 钻井队驻井，认真设计施工方案，在各个关键工序亲自把关。在取心阶段，他和工人们一起吃喝在井场，随时协调处理施工中遇到的各种问题，没有睡过一个安稳觉。伴随着固井车最后的轰鸣声，1205 钻井队提前 20 天完成了大庆油田第一口长水平段取心井，并取得了总收获率 99.1% 的高指标，不仅填补了大庆油田水平井长井段取心的空白，而且取心长度首创全国纪录。1205 钻井队沸腾了。申冠长出一口气，悄悄回到值班房，脱掉沾满泥浆的工衣，很快就睡着了，睡梦中仿佛又看见了铁人老队长。

扛起铁人这面旗

在 1205 钻井队 60 年的风雨征程里，在这些气宇轩昂的接力人中，我们看到了年轻的副队长李银生。

1985 年，刚刚当上 1205 钻井队副队长的李银生觉得自己身上的担子重啊！当时，1205 钻井队刚刚换上了美国威尔逊 65 型钻机，要想用洋设备打出中国人的威风，不丢铁人队的脸，成功驾驭这些洋玩意是摆在李银生他们面前的首要问题。李银生一边用铁人"学会一个字，就是翻过一座山"的精神学习钻井新技术，一边攻克新钻机的各种技术难关。

1988 年，李银生当上了 1205 钻井队第 12 任党支部书记。他在工作中处处以身作则，勇于吃苦，任劳任怨。每口井搬家、安装、甩钻杆、下套管等关键环节，他都要亲自顶班。一次在打钻时井上出现了事故，为了处理事故他白天黑夜地坚持在井上，五天五夜他都没有脱工衣睡过一个囫囵觉，一直到把事故处理完。

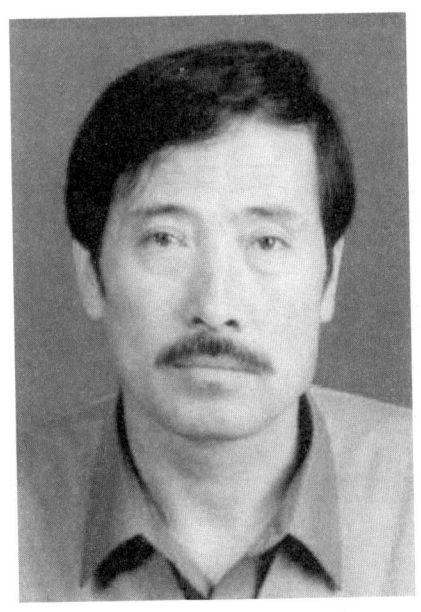

◎ 1205钻井队第12任党支部书记李银生

李银生不是钢打铁铸的,七尺男儿也有他心里最脆弱的时候。1988年年初,正当全队将士鼓足干劲,准备大干一场时,家里打来的一个电话却揪住了他的心。电话那头传来妻子焦急的声音"孩子高烧几天不退,你回来一趟吧!"此时井队打钻正到了关键时刻,自己怎能离岗。他支吾地说了声:"你带孩子到医院看看情况再说吧。"就挂了电话,继续投入到工作中去。第二天妻子又打来电话焦急地说孩子住院了,可是责任二字深深地铭刻在他的心里啊!他横起一条心,直到各项工作安排妥当了才赶到医院。看着病床上孩子干裂的嘴唇,期盼的眼神,他埋下头深吻着孩子的额头,泪水模糊了他的双眼。"舍小家,顾大家"就是李银生多年工作最真实的写照。

1990年,李银生调出1205钻井队,任大庆驻新疆塔里木指挥部第五勘探分公司3011钻井队党支部书记。塔里木盆地的自然条件极其恶劣。气候干旱少雨,年降雨量一般小于60毫米,而年蒸发量高达2400毫米。夏季酷

◎ 钻井工人在冒雨修理设备

热,地表温度高;冬季寒冷,昼夜温差大。可就是在这恶劣的环境下,李银生带着他的队伍在此安营扎寨。夏天,管钳把手烫的起了泡,只好戴上棉手套干活。冬天,工作服外面还要套上老羊皮袄,脚上穿着毡筒,好不容易爬上汽车,还没到目的地就冻麻木了。但是,"安下心,扎住根,多出油"是他心中坚定的意念。在大庆精神铁人精神的指引下,他带着队伍高质量地完成了各项生产任务。

榜样的力量

初夏,雨连续几天下个不停。这样的天气,对在野外工作的钻井工人来说是够烦恼的了。拉套管的车,在离井场50米远的地方"抛锚",一车套管全部卸在泥水中。1205钻井队的同志们急得直跺脚:完井已经两个小时,再不下套管,后果将不可想象。这对井队来说,无论如何是不行的。眼下,套管远离井场,汽车在这里是无可奈何了。面对这种情况，党支部书记吕宪奎召开现场会，号召共产党员、共青团员和广大职工，要发扬艰苦奋斗、人拉肩扛的精神，把套管按时下到井底。

一场搬运套管的战斗开始了。吕宪奎身先士卒，首当其冲，他挽起裤脚，跳进寒冷的水里，扛起来就走。李银茂连忙抢上前，吕宪奎推开他说："你生病了，回去休息！"老李说啥也不回去，于是，二人抬着套管深一脚浅一脚朝井场走去。

抬了四根，吕宪奎大口大口喘气，眼前直冒金星。这几天，他患重感冒，还瞒着队上同志，仍然上井坚持工作，今天早上他吃了两片药，连饭都没吃就来到井场。此时，连扛了几根400来斤重的套管，就是一个正常的人也难以顶住。同志们劝他回去休息，他坚决不肯，咬咬牙，又抬起一根套管。榜样的力量是无穷的，在吕宪奎带头下，下夜班的不去睡觉了，休班的也不休息了，连炊事员都跑来干活。"人心齐，泰山移"。就这样，125根套管，人们硬是用肩膀抬到了井场。

◎ 倾盆大雨落下，但工人们仍忘我工作

好书记赵明涛

　　1205钻井队的党支部书记赵明涛是一个很有人格魅力的书记，不论是在井上搞生产还是在驻地抓生活，他都会用他的精神和行动去鼓舞带动大家把工作做好。

　　在井上搬家的时候，赵明涛每次都到现场和工人们一起干活，挂绳套、拉电缆、抬管线，哪里脏冲到哪里，哪里累抢到哪里。有一次搬家施工，泥浆罐下的拖动耳板周围都是稀泥，绳套非常难挂。他看到了二话不说抬着绳套就冲进了泥坑去挂，等他从泥坑出来的时候两只工鞋里已经灌满了泥水。

　　赵明涛经常说，作为队伍的领导班子必须要让大家敬畏，而这些不是靠嘴上来说的，你必须要用自己的思想和

◎ 1205钻井队党支部书记赵明涛对职工进行传统精神教育

精神,在工作中把你的意识靠实际行动来传达给队伍中的每一个人,靠你的气质和魅力去感动周围的人,带动大家和你一起干,这样队伍才能团结到一起,拧成一股绳。

赵明涛不仅关心井上的生产,对每个职工的生活情况也做到无微不至。他经常和队里的员工谈心聊天,尽可能了解大家的工作和家庭情况。职工生病了他会把药送到班里,还安排食堂做病号餐;职工家的老人生病住院了他也会像对待自己的家人一样去看望他们,送去关怀和温暖。赵明涛经常说队伍里的职工们就像我的兄弟姐妹一样,干咱们钻井的都很不容易,为了井上的生产,好多人都是几天回一次家,他们为了生产可以牺牲自己,我为了大家难道就不能牺牲自己么?

钢铁队伍的书记是这样奉献着自己的,钢铁队伍的职

◎ 1205钻井队党支部书记赵明涛与钻工谈心

工也是这样奉献自己的。铁人精神在这支队伍里传承着，奉献精神在这支队伍里发扬着，铁人的队伍永远向前进。

团支书马伯乐

青春是美好的，也是短暂的，稍纵即逝，团支部书记马伯乐这个1995年从大庆技校年毕业的技校生，从走进1205钻井队的第一天起，就立志把青春献给石油事业。

他技校刚毕业时，家里不让他在又苦又累的井队工作，让他先出井队再另找出路；处朋友后，女友也常劝告他，让他找关系寻门路，跳出井队，为以后生活着想。但这些都没有动摇他扎根一线的信心。这个普通工人家的儿子，只认准一条道，既然干了钻井，就一定要干好。就凭这个信念，他在井队半年就被提拔为井架工，一年就被选为团支部书记。

2003年初，1205钻井队在八百垧附近打井，井队离家很近，可他一个多星期也没回一次家。当时队里正在搞全年规划，作为团支部书记的他，可不能落在别人的后头。他认真组织队里的团员及青年骨干，开展座谈讨论，并结合铁人老队长诞辰80周年和1205钻井队建队50周年等系列活动要求，做出了具体的活动安排。首先，号召1205钻井队的团员青年开展"学铁人、忆传统、我为企业做贡献活动"，以此教育团员青年爱厂、爱队，为企业发展贡献青春。其次是开丰富多彩的文体活动，拟定在1205钻井队建队50周年之际举办"我与铁人精神"精神演讲会，以激励队里团员青年在各自的岗位上以铁人老队长为榜样，扎实工作，取得更大的成绩。由于马伯乐的心里装的都是团支部和团员青年的事，还经常组织钻工开展寓教

◎ 1205钻井队进行铁人精神再教育，讲队史、忆传统

于乐的活动，所以深受钻工们的欢迎。2002年，马伯乐被评为大庆石油管理局模范团干部。他说：作为团支部书记，就应该做团员青年的典范，越是环境条件艰苦，越要注重自己的形象，这样才能让别人服你。

"班头"李彦辉

1205钻井队的一班是团员班，曾以最擅长打硬仗而著称。在团员班七个小伙子的面前就没有干不了的活，队里的多项高指标、新纪录都是这个班创出来的。为什么一班能如此？最关键的是有一个专啃硬骨头的好班头——李彦辉。

石油老照片 追梦·圆梦

李彦辉高高的个头,身材魁梧,浓眉大眼,看上去就透出几分精明和才气。自1996年参加工作,他从没请过一天假,从没耽误过一个班,这在1205钻井队已被传为佳话。

李彦辉自参加工作以来,凭借一股钻劲和韧劲,练就了一身过硬的技术。曾多次获得大庆油田钻探工程公司和大庆油田钻探工程公司钻井二公司举办技术大赛的冠军。他干起活来更是虎虎生风,什么换缸套、捞沙子、下套管,这些苦、累、脏活他都冲在前面,由于擅打硬仗,他带出的班也过硬。2002年7月,在杏4-3-103井固完井后,锥罐里的沉沙有一米多深,他二话没说带着班里人跳进罐中铁锹一点一点地清理。雨靴灌包了,罐内闷热得让人喘不过气来,泥浆中的药品浸得皮肤火燎燎的疼,但他们顾不上这些,只是闷头一个劲地干。结果按平时得五六个小时才能完成的工作量,团员班仅仅用了三个小时就把

◎ 1205钻井队进行冬季施工

罐掏得干干净净。带班两年来,李彦辉带领团员班创出了多项生产高指标。2003年初,他们在喇嘛甸区块就创出了定向井生产施工班进尺330米、冬季施工完井起钻1小时20分钟的全队定向井生产新纪录。

李彦辉是战区子弟,也是家里的独生子,但来到1205钻井队后,他可从未把自己当作独生子看待。他暗下决心,一定干出点成绩给大家看看,我们独生子也是块好料。

工作中,他虚心好学,特别是刚参加工作时,对一些生产工序、井上的设备以及岗位技术、技能等方面不懂不会的东西,都主动向老师傅学习请教,并自费购买学习资料,利用休息时间进行自学。经过不到一年的努力,他无论技术业务还是实际操作都得到了显著提高。在1997年参加大庆油田钻探工程公司举办的技术大赛中,获钻工组场地工岗位第三名。这次比赛对他的触动非常大,更增添了他刻苦钻研业务、不断在岗位上建功立业的信心和决心。这之后,他多次在各种技术大赛上获得前三名。

李彦辉不仅在业务知识方面肯于钻研,还在工作上兢

◎ 1205钻井队青工岗位技校阵地

兢业业，具有高度的主人翁责任感。2000年，他的父亲生病住院手术，父母怕影响他的工作，就没有告诉他。等他休班回到家时，父亲已做完了手术。在医院，他只是利用两天的倒班空闲，照顾了父亲两天的时间，第三天就赶回队里上班了。他不是不惦记父亲，只是因为不想因为家里的事而影响队里的工作。2002年，他家里新调整了楼房，作为一个独生子，本应该请个假，帮父母把家搬了，但他最后也没有和队里吱一声，全是父母雇人搬的家。

炊事班长单敬辉

民以食为天，特别是对从事繁重体力劳动的钻井工人来说，吃饱吃好可是大事。在1205钻井队当了多年炊事班长的单敬辉，对职工的伙食方面，可比谁都细心。

为了能让职工们吃上可口的饭菜，这个从烹饪技校毕业的技校生，又自费到大庆市厨师培训学校学到了二级厨师资格，这厨艺可就又长进许多。甭管鸡、鸭、鱼、肉、蛋，还是青菜萝卜到他手里，保管能做出色、香、味俱全的美餐。

单敬辉不但菜做得好，而且还是井队的好管家，每次到市场去买菜和调料，他都精挑细选，而后压低菜价，有好几次小贩都问他，你真的是给公家买菜吗？不像啊！

最让人感动的是，单敬辉把钻工都当成自己的兄弟，把他们冷暖都放在心上，当炊事班长几年来，每当有钻工感冒、发烧时，他总是亲自下厨为病号做一碗热气腾腾、香喷喷的面条加荷包蛋，钻工们吃饱了就一点也不想家了。

钻工们都说，单师傅脾气好，可"急"的时候，也什

◎ 1205钻井队的员工们在食堂用餐

么都不顾。有一次，单师傅把饭送到井上，但由于井上生产忙，钻工下不来钻台吃饭，可值班房的电又没有接上，饭菜过一会就得凉，一向稳重的单敬辉，这时可急坏了，他"刷"的一下把棉袄脱下来，包在饭桶上……当钻工们吃上热乎乎的饭菜时，单敬辉虽然被冻得连打了几个大喷嚏，但还是开心地笑了……

井架工王志勇

二班井架工王志勇，他的工作格言是"默默奉献，勇往直前"。他对工作认真负责，对设备检查认真到位。一次在钻进过程中，他发现刹车块销子窜出，快要掉落，他及

◎ 1205 钻井队二班合影

时通知司钻停止钻进,进行修理,避免了一次安全事故。

在工作中,他认真负责。司钻安排的每一项生产任务,他都能及时完成,在工作中,他认真好学,他认为在完成每一项工作的同时,都是一个学习的过程。

由于当时二班班组人员年龄偏大,他最年轻,他积极配合各位"老大哥"的工作,同时也对其他岗位的技能加强学习,保证了班组的团结稳定。

他是一个普通的、年轻的钻井工人,在钻井前线"默默奉献,勇往直前"。

钻井工明建军

他一年中有 11 个月都穿红色的工作服,有 11 个月都戴红色的安全帽,有 11 个月都穿厚重的工鞋,有 11 个月都住在铁皮板房中,他叫明建军,是 1205 钻井队一名普通的钻井工人,但是他的普通,在大家的眼中也许并不普通。

5 月份是一年中最忙碌的时节,井场钻机轰鸣,明建军就像往常一样,正在循环沟旁处理泥浆,电话铃声响了,是他妻子打来的:"你什么时候回家?儿子等你'六一'带他去公园玩呢。"电话这头的明建军说:"我忙呢,一会说。"就把电话挂了。明建军家中,儿子问:"我爸回来么?"妈妈看着儿子期待的表情,不忍伤儿子的心,只

◎ 1205 钻井队正在进行钻井施工

能说："你爸回来。"儿子乐了，可妈妈心里不是滋味，明建军已经连续五年没有陪儿子过'六一'了，每次都是她带着儿子玩，一次两次没关系，后来孩子就不高兴了："别人的爸爸怎么都有时间，我爸爸怎么就那么忙呢？"这时候，妈妈也很无奈："我也希望你爸爸能多回回家啊。"

一晃就到5月31日了，明建军忙了一天，晚上给家里打了个电话："我们队明天有迎检，回不去了，明天你带儿子好好玩玩，别怕花钱，把电话给儿子，我跟他说两句。"电话里传来儿子幼小的声音："爸爸，明天带我去公园！""儿子，爸爸明天有事，不能回家，让妈妈带你去玩好不好，爸爸答应你，明年一定陪你过儿童节。""爸爸，你又骗我！去年你就说今年陪我过节的。"明建军何尝不想回家呢，儿子10岁了，除了六年前的6月1号是在家过的，其他几年都没有回过家，可确实是不能回家，生产任务重，大家都在井上工作，都有孩子，当父亲的谁不想孩子呢，咱们是钻井人，是1205人，铁人老队长为了多打井，连命都可以不要，咱们少回几次家又算得了什么呢。

明建军也并不是从不回家，井场离家并不远，半个小时的车程，家里有老人、有妻儿，休息的时候，他也会像其他人一样，恨不得插上翅膀飞回去。过完'六一'没几天，明建军回家了，到家已经是晚上八点多了，一到家，明建军的爱人就说："饭菜凉了，我再给你热热。""不用了，在井上吃过了，儿子呢？""睡觉了，你也早点睡吧，明天什么时候上井？""明天一早就走，井上搬家。"他的爱人听后心里很不舒服，人家常说钻井工人的家对他们来说就是招待所，最初还不信，现在她已经感受到了，可她依然支持自己的丈夫。

这就是明建军的生活，一名普通钻井工人的生活，他代表了1205钻井队,代表了百万为了祖国奉献的石油工人,我们国家也正是因为这些人的存在而日益强盛,他们也将会把祖国建设的更加美好。

机械技术员杨磊

机械技术员杨磊在1205钻井队可是"知名人物",因为他是多面手,干什么都行,设备结构什么都通。接班检查时,对所管理的设备一走一过,看、摸、闻、听,就像给病人看病时望闻问切一样,每次都能快速排除设备故障。

最让人印象深刻的是在2010年5月,队里来了一部新钻机,整个井场忙碌着,充满了喜气洋洋的气氛。由于钻机来时候很多接口不配套,我们的机械能手杨磊与厂家沟通,对不配套接头先是组合替换,实在不行就焊接。新钻机有新脾气,他就花大力气从厂家那里学艺,和厂家的

◎ 1205钻井队的钻工在修理拉杆

工程师讨论，两天后圆满地完成了新机配套任务。他不仅在技术上是行家里手，同样工作作风也十分硬朗。记得在2009年6月，1205钻井队迎接胡锦涛总书记视察指导工作时，为了将设备最优化，他坚持在岗两天两夜，其间只休息了两个小时，得到了领导的高度评价。

机械大班邓守庆

  铁人王进喜曾经说过："石油工人一声吼，地球也要抖三抖。"石油工人的力量干劲。然而在人们看到他们为祖国献石油的同时，这背后又有着多少不为外人所知的辛酸故事啊。

  石油工人打井的地方多数都在野外，条件艰苦，为了防止井上突发情况和设备的检修，长时间住井工作没有假日，回家的时候很少，在井上大家经常说的话就是："什么时候回去看看老人，陪陪老婆和孩子。"经常唱的歌就是《常回家看看》。因为我们石油工人为了工作，对家人亏欠得很多。

  在1205钻井队，这样的故事很多。邓守庆是队里的机械大班，在队里是出了名的"拼命三郎"，不管什么样的脏活累活都抢在前面，带着大家一起干。他平时工作踏实、业务熟练，为人也很随和。大家都很喜欢他，机械大班在钻井上是很重要的岗位，设备好坏直接影响到打井的速度和质量，邓守庆为了管理好设备，预防紧急情况的发生，一直坚持驻井工作，回家次数很少。井上工作干得好，回家陪伴家人的时间也就很少，平时和他聊家常的时候，他也说："井上生产任务重，没办法，谁让咱是干这行的呢！"有一次他的爱人生病住进医院，当时正值井上拆

◎ 1205 钻井队工作现场

搬施工，他接到电话后什么也没说，继续和大家一起干活，直到井上搬完家，顺利开钻后他才赶回去看望爱人。之后，他的爱人病情有所好转，他就又回到井上继续工作。队员们都问他："你媳妇住院了，怎么不回去陪陪她？等她病好了再回来啊。"他从包里拿了一根烟，慢慢吸了一口说道："这段时间挺重要，井上需要我，完井再回。"

在党的 90 周年生日即将到来之际，1205 钻井队为党的 90 华诞献礼进尺要突破一万米，生产任务十分艰巨。邓守庆身为党员更加严格要求自己，一心扑在井上确保钻井设备无故障运行，在西丁 207- 斜 P12 井中，途中钻至 800 米时，在检查大泵时细心的邓守庆发现阀体和阀座有刺漏，与技术员沟通后决定在测斜空当抢修大泵。他亲自上阵，用了 15 分钟就更换了上水缸阀体和阀座，测斜还没有结束就完成了抢修，为钻井生产节省了宝贵的时间，为月进尺突破一万米保驾护航。

这样的人，这样的事在石油工人中有着许多许多，他们为了祖国的石油事业，奉献着自己的青春和一切，但是他们从来没有后悔过。他们以身为石油工人为骄傲、为光荣。不管是现在还是将来，他们始终怀揣着更对铁人老队长的崇敬之情以无限的热情去奋斗，为祖国打更多的井，献更多的油。

管理员王立新

王立新是本队的管理员，是在钻井队里工作了多年的老工人，认识和熟悉他的人都知道他是个热心肠的人，是钻工眼里的老大哥。他对工作一丝不苟，对待钻工就像自

◎ 促膝交谈

己家人一样。

记得有一次，队里的一名钻工的父亲生病了，一面要去医院陪护，一面又要上班，精神难免有些不集中。在工作中思想也开了小差。王立新知道后，就主动找他谈心，还多次去医院照顾病人，不仅为钻工解决了后顾之忧，还保障了井上的正常生产。在天气炎热的夏天，他总会煮上一大锅绿豆水送到井上为钻工解暑；在寒冷的雨后，他会熬上一锅姜汤，为钻工驱寒。

王立新就是这样任劳任怨，默默地在平凡的岗位做着不平凡的事。

副队长谢春龙

"俯身甘为老黄牛、开枝散叶永争先"，用这句话来形容老黄牛精神的实践者——谢春龙最合适不过了。

副队长谢春龙先后担任过钳工、井架工、副司钻、司钻、机械大班。在从这一个个岗位走过时，随着岗位一步步提高，其所掌握的技能也逐渐厚重起来，积累了大量的宝贵经验，一直默默耕耘在一线。在谢春龙成长为副队长同时也成了 1205 钻井队的一宝，在各个技术口在遇到问题时，都会与之参详。尤其难能可贵的是遇事能够冷静，处理事故及时果断。2009 年 11 月，寒冬初到，大庆油田采油一厂区块的地下情况复杂，在钻第二口井时突然发生井喷。上喷 10 多米。在这种突发情况下，谢春龙果断接方钻杆。带领四人背靠背对正方钻杆，半小时后成功制服井喷。

在成为行家里手后，谢春龙不骄不躁，始终保持严谨的工作作风，手里拿的活不藏着掖着，先后传帮带徒弟近

◎ 1205钻井队合影

10名，其中多人成为技术骨干和管理人才，担任重要岗位。所带徒弟出师后不仅传承了技术，更是延续了严谨的工作作风。在以后的成长过程中得到大家的一致肯定。

钻井是个艰苦的工作，在油田人人皆知，可却有人义无反顾地把在艰苦的岗位上献青春当做自己的追求而无怨无悔。谢春龙这个1205钻井队团员班的副司钻，理想就是当好钻工，作铁人的后代。

谢春龙当场地工时，每班经他手捞出的砂子，堆得像小山一样；当井架工时，冬天起钻，他站在20多米的高空中，一干就是五六个小时，工衣外面的泥浆结了一层冰，里面全被汗水浸透了，风一吹透心的凉，就是这样他也不让别人替换。走上副司钻岗位后，由于天天摆弄药品，双手都变得粗糙了。2001年，1205钻井队在紧张的快速钻进中，提升泵突然缠进了棉纱，出现故障，井上生产随之停止，望着一人多深的泥浆坑，谢春龙二话没说，纵身跳进泥浆池中，用双手一点点地把棉纱抠出来，用最快速度使井上恢复了生产。2002年，1205钻井队在大庆油田采油六厂打井时，钻台上正紧张起钻，泥浆需要大处理，谢春龙就一个人从50多米远的药品爬犁上连续扛了30多袋25公斤重的药品，汗水和药品混在一起，刺的皮肤火辣辣地痛，但他无怨无悔。

在生活上，谢春龙是个乐观向上的人，他积极参加公司组织的各种文体活动并取得过好成绩。1999年，在公司举办的庆澳门回归的诗朗诵比赛中获得了第三名的好成绩。2000年，以唯一男性演员的身份参加庆"三八"诗朗诵受到一致好评。

司钻赵彬彬

赵彬彬是1205钻井队的一名优秀的钻工，无论是在担任钳工期间还是成为司钻后，他在工作上都踏踏实实，勤勤恳恳，带领着班组取得了一个又一个优异的成绩。

在他担任四班的司钻后，他更加严格的要求自己。他知道自己身为班组长，是班组的管理者、执行者也是监督者；他的工作方式和工作态度直接影响着班里的每一个组员，要想带好班组，要想干出成绩，就必须严格要求自己，提高自己的综合素质。就这样，他开始在平时的工作中磨练自己。在井上生产的时候，遇到脏活累活都是抢在前面，有危险的活也是第一个冲上去。赵彬彬有句话说得好："自己不干出样子，怎么能让班里人干出样子。只有自己带好头做出榜样，才能更好地带着班里的人，干出更多的活。"赵彬彬在井上带领班组搞生产，回到驻地同样也带着大家搞学习搞培训，他利用平时在驻地休息的时间带着班组人员进行岗位知识学习，帮班里的人解答在岗位

◎ 1205 钻井队的青工在上培训课

上遇到的难题，让班里的每一个人都能胜任自己的岗位，成为岗位技术能手。赵彬彬说："活不是一个人干的，我一个人的力量是有限的，集体的力量才是强大的；如果我们班里的每一个人都能发挥出他们的能力，那么我们班组的战斗力就是最强大的。"

　　管理一个班组不是一件容易的事情，他经常和成员谈心聊天，尽可能了解大家的工作和家庭情况，他认为，想要管理好这个班，首先就是要提高大家的素质和能力。他的责任心强，技术功底也非常的出色，在日常生产过程中，刻意影响和带动了班组成员的成长，带动他们苦练岗位技能，由于踏实肯干，又是各方面大拿，在班里很有凝聚力和影响力。

工程技术员王志发

　　王志发是 1205 钻井队的工程技术员，他工作认真踏实，技术过硬，队里人都称他为"王工"。

自他担任1205钻井队技术员以来，1205钻井队的钻井时效和井身质量都有明显的上升，这和他对钻工们的技术指导是分不开的。每到一个新区块，王志发总是将地下情况、生产中可能出现的突发状况分析得清清楚楚，给钻工们交待得明明白白，从而避免了钻井工程事故的发生。

王志发干工作认真是队里出了名的，1205钻井队在一口定向井施工中出现了钻杆粘扣现象，经技术员王志发分析后认为是由于螺纹没擦干净、钻杆抹油不均匀造成的。为了防止类似情况再发生，他亲自上钻台拿起丝扣油刷子给大家做示范。有一天晚上，由于天黑，一个钻工没把油抹均匀就下了钻杆。王志发发现后，当即要求卸钻杆，并现场分析，给大家指出危害，直到油涂抹均匀，达

◎ 1205钻井队的青工在学习变频电机的原理

到标准才重新下钻。虽然当时井上生产耽误了一些时间，但1205钻井队从此再也没有发生过钻杆粘丝扣的现象。

在业余时间，王志发最爱给钻工们讲钻井技术知识和外语知识，他常说，现在队里我是技术员，但我希望你们以后人人都是1205钻井队的技术员，我们只有多学专业技术知识，才能做到多打井，打好井，为1205钻井队争得更多的荣誉。在学习英语上，王志发也有独到的见解，他说："以后钻井队走出国门，已是大势所趋，所以现在我们就必须从自身素质抓起，为以后打下基础。他在游艺室立了一块小黑板，上面经常写着与钻井相关的英文单词，一有空就教钻工们常用英语，在他的精心教导下，现在已有一部分钻工能够用英语进行简单地对话。

在王志发的带领下，1205钻井队学习氛围空前高涨，学技术、学英语、学计算机，大家各个方面的素质均有了显著的提高。井打得也更快了，优质率也明显上升，同志们都说："王志发是1205钻井队的科技带头人。"

副司钻周占学

周占学是1205钻井队三班副司钻，也是班里唯一的党员。队里同志提到周占学时，都异口同声地说："他工作认真负责，对同志关心呵护，是一名合格的共产党员。"

作为一名共产党员，他深知自己身上的职责，平时他处处以党员标准严格要求自己，对待工作从不敢马虎大意，为群众做出表率。有一次，在大庆油田第五采油厂一口井施工中，由于泥浆含沙量特别大，罐内经过长时间的泥沙沉淀，石粉和细砂混合在一起，异常黏稠，泥浆几乎在罐口处流不动。面对几乎半罐的沉沙，班里的同志可发

◎ 1205 钻井队工作现场

了愁了，这么多的沙子，可怎么掏哇？五六个小时也干不完哪！周占学没有多说什么，他不言不语地打开了罐门，纵身跳进了泥浆罐中，一锹一锹地把沙子往罐外铲，由于沙子太多，在罐中直不起腰，不一会，他就累得满头大汗，班里同志见了都要换他，可他却说："我不累，我个子矮，在罐里干活方便，还是我一个人干吧！"说完他又不停地干了起来。三个小时以后，掏出罐外的沙子逐渐堆得高了起来，周占学终于把泥浆罐清理干净了。当他从罐里爬出来时，浑身上下全都被泥浆和汗水浸透了。

周占学处处以党员标准来要求自己，赢得了班里同志的尊重，树立了良好的党员形象，班里的同志自觉都向他学习，使班里的工作效率大大提高了。

场地工宋保

宋保，1205钻井队里著名的"歌唱家"。他天生一副好嗓子，唱起歌来有板有眼，声情并茂，韵味十足，无论是公司组织的文艺演出，还是1205钻井队举办的联欢会，他总是少不了要一展歌喉。

宋保有一套在不同场合下唱不同种类的歌曲的"绝活"，给大家带来了很大的乐趣。比如说，在紧张的快速钻进中，他的一曲小调，能把同志们紧绷的神经给放松了，心情愉悦；在井上干辅助活轻闲的时候，他的一首歌谣，能把大家带到天真烂漫的童年，在"三八"妇女节的联欢会上，他的一首"串门"把在场的先生和女士们绪思绪都扯到了处对象的那个年代。

◎ 2011年6月，1205钻井队参加唱红歌比赛

最让他难忘的是，2000年5月，江泽民总书记来1205钻井队视察时，宋保作为领唱，带领1205钻井队钻工们为江泽民总书记现场献上一首《踏着铁人脚步走》，受到了江泽民总书记的称赞。

退伍兵张涛

2002年，1205钻井队分来个退伍兵叫张涛。看着他文文静静的脸庞，不高的个子，瘦弱的身体，大家都替他捏把汗，还真怕他适应不了井队艰苦生活条件和高强度的工作需要。

可渐渐的，大家心中的疑虑被打消了。别看他刚来井队，可他什么技术都想学。遇到技术活，别人干时，他在旁边细细地看，细细地领会。工余时间他又向老师傅虚心的请教，大家伙都愿意教他，所以他进步特别快。每次有什么脏活、累活，不用司钻安排，他总是冲在前面。加重时，他总是"抢占"加重漏斗的"有利"位置，一袋接一袋的往漏斗中加石粉，别人换他，让他休息一会，他不让，总是笑着说，我不累，没事的，这和部队急行军相比，差得远了。在井场上，只要有一点生产上的闲暇时间，他总一手提着水桶，一手拿着棉纱，搞设备卫生，难怪每次交接班时，他班的卫生都是最好的。由于不懈努力，从场地工到钳工、从井架工到副司钻，几个岗位的基本技能，他都在较短的时间内全部熟悉和掌握了，关键时刻，他都能盯上去，别人都夸他是速成"多面手"。

每次在受到表扬时，他都腼腆地说：我曾是个军人，部队的光荣传统不能丢，离开部队时，首长再三叮嘱我们，不论走到那里，都要做到退伍不褪色，这我永远都不会忘。

司钻赵建安

1205钻井队三班司钻赵建安，是个干起活来不要命的实干家，队里人送外号"拼命三郎"。

他干活有个特点，就是既要干净利落，又要既快又好，磨磨蹭蹭，腰来腿不来的"主"他一看就"火冒三丈"，看到别人干的不对劲，他就"训"，班里的钻工都怕他，和他在一起干活全都一溜小跑。但大家又都从心眼里服他，为啥？因为重活、脏活他总是抢在前，要别人做到的，他首先自己做到。1999年，1205钻井队在大庆油田第六采油厂打井，那阵儿天热得要命。打钻过程中，不巧井架上的立管垫子刺漏了，他二话没说，系上安全带，拿

◎ 每当新工人入队，党支部都要进行传统精神再教育

起榔头就上井架，叮叮当当地一连轮了 30 多下，等换完垫子从井架上下来时，他整个人都要虚脱了。

2002 年 7 月，1205 钻井队在大庆油田第五采油厂打井时，他的腰痛病又犯了，严重时痛得腰都直不起来，但他每次都是只吃些药，贴上"虎骨膏"后和班里钻工们一样干活。2002 年，1205 钻井队共钻井 43 口，每次赶上他班下套管他都挑最累的活——"把井口"。

司钻杨峰

1205 钻井队二班司钻杨峰，对井队有着浓厚的感情，他自己也承认爱人、儿子没有井队"亲"，作为丈夫他是"不合格"的，作为父亲他是"不称职的"。为啥这么说呢？是这么回事，2000 年，1205 钻井队在中区打定向井。一天，杨峰的岳母来电话说他爱人要临产了。让他赶紧回家照顾一下。可他考虑当时班里人手少，井上又处于定向施工的关键阶段，他这个当班司钻怎么能离开呢？等他把手中的刹把交给下一班的司钻再到医院时，他的妻子已经在医院进行完剖宫产手术了。

孩子出生只两天，他就回队上班了，由于双方父母身体都不好，杨峰只有把姐姐接来给妻子"伺候月子"。现在孩子已经长大了，真难想象他妻子一个人是怎样"手忙脚乱"地把孩子拉扯大，每次提到这些，他就感到十分内疚。

别看对家里不上心，但对于井上的工作杨峰可是一丝不苟，就连哪根钻杆扣坏了，哪节链条销子松了，这些小事他都"心中有数"，他常说当司钻必须得认真，不能有半点疏忽。不然肯定就会"出事"。

◎ 1205 钻井队钻工正在进行接单根作业

机械大班袁洪武

袁洪武，1205 钻井队机械大班，他工作认真负责，具有极强的敬业精神。他曾经说过，作为一名机械大班，井上若有一个螺丝松了，都是我工作的失职。他是这样说的，也是这样干的，从参加工作至今，无论是在班组当司钻，还是现在作为一名机械大班，在生产施工中，始终兢兢业业，急、难、险、重冲在先，抢在前。

记得那是他在担任司钻时，有一次，他正带领全班人员进行完钻通井作业，大家紧张地在钻台上忙碌着，这时，只听"嘣"的一声，在大家左顾右盼、不知怎么回事时，他顿时感到手中的刹把失灵了。他从设备的响声中判断出一定是滚筒出了问题，导致隆鼓磨热，发生断裂，刹车失灵。这时，全井钻具同游钩一起带着风声落下来，他随即高喊一声，"刹车失灵了，快跑！"班组人员听到喊声后，都躲到了安全地点，然而面对这种危险情况，他却表现得非常镇静，他首先想到的不是跑，而是确保设备和井下不出现问题，他手扶刹把，迅速缓了几下提升开关，以减缓钻具下落速度，由于他的判断准确，措施得力，避免了一场事故。但由于钻机提升，刹把反弹，打在了他的右胳膊上，当同事们把他送到医院时，胳膊肿得连衬衣都脱不下来了，医生检查后未发现其他异常，建议他休息几天，正常消肿就可以了，但考虑到井上的生产正忙，他只开了一些消炎药，又返回队里上班了，他说：虽然我的右胳膊伤了，但用左胳膊也能帮大家干些活。

袁洪武在队里算是个"知名人物"。这是因为他干啥都行，什么都通，是一位"多面手"。接班检查时，他对自己所管一路设备只要一走一过，听声音就知道哪有毛

◎ 1205钻井队员工正在进行作业

病，用手一摸就能找到症结。一次井上安装设备时，他发现新领的液压大钳油管线接头不配套，反复调试都不行，最后他自己动脑筋焊了一个，果真管用。井队的气马达一般人整不明白，有一次井上用的马达坏了，换上一个新的又坏了，于是他就动手拆，仔细研究后把两个马达的零件凑在一起，就修好了一台，既节约了钻井成本，又减少了等换设备的时间。

◎ 1205 钻井队青工在检修设备管线

对本岗位的"活"他兢兢业业，和他无关的活他也"大包大揽"。钻机变阻中的过桥螺丝常常松动，即使摘掉转盘后，万向轴也总是带动转盘旋转。这个生产中的难题，按常规要换新设备，面他却根据自己平时积累的经验进行大胆尝试，在过桥处垫上一个链条片，紧固部位放上弹簧垫，再紧固，效果良好。

司钻李岩峰

每一名 1205 钻井队的职工都时刻告诫自己：我们是铁人带过的队伍，我们必须有特殊的精神和信念，必须有更高的标准和要求。每一个在 1205 钻井队的人，都要身在 1205 爱 1205，绝不能给 1205 钻井队抹黑。

1205 钻井队三班司钻李岩峰，工作特别认真，表现十分出色。可是当他刚到1205钻井队的时候,却完全是另外一副样子。1994年,李岩峰分到1205钻井队时,特别散漫,喜欢喝酒、打架、爱惹是生非,他家所在区有名的社会青年。到了1205钻井队,看到1205钻井队的风气,他十分不习惯,受不了约束,也不安心工作,常跑到社会上惹祸生事,家里人对他也毫无办法。可是1205钻井队并没有因此而放弃他。平时只要一有空,队干部就会给他讲1205钻井队的传统,讲铁人的故事;他喜欢大手大脚地花钱,队干部就帮他把工资存起来;他想打架滋事,大家都管着他;他工作干不明白,老师傅热情地帮助他;他生病了,病号饭给他送到床头……渐渐地,大家发现李岩峰变了,工作积极了,不喝大酒了,社会朋友也疏远了。每天早上,他是队里第一个起床的人,打扫院子、准备工具,而且虚心地向老师傅学习技术,由于工作认真,悟性高,他很快就干上了司钻岗位。李岩峰常说:

◎ 1205钻井队带领青工参观大庆历史陈列馆

"1205钻井队是铁人老队长带过的队伍，有着这么多年的光荣传统，决不能因为我一个人丢了1205钻井队的脸！"当初那个最不让人放心的李岩峰，如今变成了队里最让人放心的人。看到儿子的变化，李岩峰的父母十分感动，他们拉着队干部的手，说了一句让1205钻井队职工特别骄傲的话："我们二十几年都没有教好的儿子，你们1205钻井队几年就给带好了，你们真不愧是铁人带过的队伍，真不愧是铁人队啊！"

管理员杨道雷

在1205钻井队，自杨道雷上任以来从来没有因为外界不利因素影响职工伙食的事，而且伙食水平更在原来的水平上有所提高。

在井队，早饭、夜班饭多样化是最不容易解决的问题。杨道雷上任伊始，就着手解决这个问题。首先，他每周都召集伙委会开会，对职工的意见和建议进行总结，然后在以后的工作中加以改正。其次，每个上夜班的班组在晚饭后向他反映夜班想吃什么饭，然后尽量解决，经过一个月的努力，情况有了很大的改善，早饭由单一的馒头和粥发展到油条、馒头、面条轮换着吃，夜班饭由单一的面条发展到馒头、米饭轮流换。

夏天，不管天气好坏，只要菜少了，他就出去采购，始终让食堂至少有四种蔬菜备用，而且一种菜绝不连吃几天，为了调剂职工伙食，每周他还组织全队职工包饺子，这样既改善了伙食，又丰富了业余生活，同志们都说"好"。

◎ 1205 钻井队在召开班会

聪明好学的年轻人

在井队工作过的人都知道，由于特殊的生产条件和生活环境，改变了正常节奏，钻工的业余生活显得单调、乏味，用什么办法来充实自己、完善自己，丁辉的回答是"学习"。

在 1205 钻井队，丁辉的好学肯专是出了名的，刚到井队那阵，面对高耸的井架和庞大的设备，丁辉真不知道该如何下手。他暗下决心，一定要努力学习，驯服这些"庞然大物"。从此，他一边工作一边学习，遇到难题向老师傅请教，技术员配钻具时他也跟着忙活，并把钻头类型、接头扣型及钻铤长度记在小本上，大班维修设备时他徒弟似的帮助拆卸……有人不理解地问他："你一不是技术员、二不是大班何必操那份心？"他说："钻井工作

◎ 1205钻井队的员工利用业余时间学习

看似粗活，其实里面包含着很多知识，只有不断丰富理论知识，提高操作技能才能更好地完成本职工作，成天打台球，逛大街是不会有所作为的。"由于他聪颖好学，很快就掌握了钻机、泥浆泵的结构原理，操作技术，并能熟练地匹配钻具，赢得了领导和同志们的赞誉。

（大庆钻探工程公司供稿。本文中涉及的人物，有些人虽已离开1205钻井队，但谈起在1205钻井队工作时的情形，大家仍是激情澎湃。）

9开9完,向党的90华诞献大礼

2011年7月1日是建党90周年,在这个举国欢庆的日子到来之际,1205钻井队在6月打出了表层丛式定向井"9开9完",月进尺突破11000千米新的纪录,为党的生日献礼。这个纪录与党的领导是分不开的,在党支部和党员的带动下,全队员工干劲十足,一切工作向党员看齐,安全圆满地完成了生产任务和迎检任务。

干过钻井的人都知道,一个月打9口表层定向井是

◎ 1205钻井队实现月9开9完,向建党90周年献礼

十分困难的，从搬家开始到固井结束，中间的各工况环节不能出一点疏漏。这就需要队干部考虑全面，队员工工作执行到位，保证安全前提下，和时间赛跑。在这种情况下，党支部和党员起到了先锋带头作用，艰苦的地方总会最先发现党员的身影，他们用自己的实际行动感染着队里的每个人，用自己的表率作用激励着每一个人。在施工西271-斜P11井时，下午13点进行甩钻杆作业，预计在17点前搬家，在甩到一半的时候，晴朗的天气忽然变得阴沉。狂风、暴雨骤然而至，后来竟然下起了冰雹。有人提议先别干啦，六月下冰雹，天气太恶劣了。这时我们的副队长王迎春站了出来，说了一句话深深地激励与感染了员工，他说："同志们这点雨和冰雹对我们钢铁队伍来说算什么，如果雨不停，咱们今天难道就不干活了？不搬家了？"王迎春第一个冲进雨里，他顶着大雨，豆大的冰雹打在安全帽上叮当作响，依然不为所动，认真熟练的操作液气大钳。同志们被他的行动所感染，都回到各自岗位开始工作，大雨下了两个小时，大伙在雨里干了两个小时，及时的甩完钻杆进行搬家。后来有人问王迎春"下大雨你不进司钻房扶刹把，怎么还跑到钻台扶钳子呢？"他头也不回地说："这时候连党员都在里面躲雨，谁还能带头出去干活。"正是因为有这样的党员，员工才能发挥全部的激情投入到我们的钻井中来。

在我们队创进尺新纪录时，还有位老党员不可不提，他就是我们队的地质技术员周占学。负责测井、资料、质量和培训。他在表层丛式定向井9开9完的过程中工作的热情和活力，让人看不出他已是40多岁的人，每次井上出现小问题，他比谁都急。在施工西6-斜P011井时，由于雨水浸泡导致井口不正，下套管经常偏扣，耽误时间。负责场地的周占学看到这种情况，迅速跑上钻台查找原因，寻求解决办法，以多年积累的工作经验提出办法，解决了偏扣问题。一切正常后又默默地回到自己的岗位上工作，同在场地的新工人对他竖起了大拇指"老师傅就是老师傅，工作经验没的说，我今后得跟您多学学"。老党员的优秀大家都看在眼里，记在心里。

1205钻井队这次的"表层定向井9开9完，进尺突破万米"离不开共产党员的先锋模范作用，在党支部的带领下，党员展现了自己的优点，发挥了自己的作用，使全队员工鼓足十二分的热情投入到工作中，在1205钻井队的荣誉册上写下新的篇章。

（大庆钻探工程公司供稿）

◎ 1205钻井队荣誉室

零的"突破"

"这口井是——优质井……""啊……"

队长盛文革的话音未落，1205钻井队井场上就传来了几十个人的欢呼声。一群铁打的汉子在这里又蹦又跳，不时地把安全帽扔向空中，怎么这么高兴呢？原来，他们施工完成的第一口定向井经声幅检测为优质井，这也是1205钻井队建队40多年来施工的第一口特殊井……

1999年，由于油田分开分立，1205钻井队被划归到大庆油田钻探工程公司钻井二公司。刚划归时，面对技术全面的三分公司各兄弟井队打的都是定向井、斜直井、水平井等高难度井型，特别是他们还听说当时的32495队（现在的30515队）在定向井施工中实现了月6开5完，定

◎ 1999年，1205钻井队获大庆石油管理局金牌队奖

向井打出了直井高水平，1205钻井队感到了自身不足，思想受到了很大震动。逆水行舟，不进则退，全队干部工人都憋了一口气，他们立誓绝不给铁人队丢脸，要打好定向井，为1205钻井队实现特殊井型"零"的突破。经过多次请战，钻井二公司给1205钻井队下达了定向井施工任务。当时全队的职工高兴极了："终于有机会可以大干一场"。

2000年5月4日，是1205钻井队永远难忘的日子。那天，全队职工在施工的定向井井场立下誓言：不打好定向井决不回家。在施工过程中，队长盛文革整天盯在井上。身不离工衣，人不离井场，在一线指挥生产；书记李新民每天和队长一起吃住在井上，不忽略任何一个细节，不放过任何一处隐患，精心组织生产的每一个环节，并及时向钻井二公司技术人员请教。技术员董本标、邓云鹏详

◎ 1205钻井队的青工正在进行泥浆性能测试

细了解地下情况，按照钻井设计要求，和钻井二公司技术人员共同研究制定各阶段钻井施工方案、技术措施，班班下达技术要求；钻工们不懂就问、不会就学，队里每个人都拿着一个小本本，不断向钻井二公司派驻的技术人员请教。四班司钻赵建安，放弃了全部休班时间，天天跟在技术员后面，边学边记，就连换钻具几号换几号他都一行行仔细地记在随身的小本子上。当时1205钻井队有个"人人都是技术员"的口号。意思是说，一口定向井打完，队里的每个人都能成为定向井通。后来的事实也正是这样。通过全队职工的努力，1205钻井队创出了最大井斜角32.5度、最大井底水平位移447米、钻井周期7天的好成绩，实现了1205钻井队历史上特殊工艺井型施工的零的突破。如今，1205钻井队不仅实现铁人老队长当年安全、优质、高效钻井的遗愿，而且完成了由单一井型施工向多种井型施工的飞跃！

(大庆钻探工程公司供稿)

战"虎口"

1995年1月,李新民走上了副队长岗位。刚上任不久,队长盛文革要去北京参加劳模会。当时,1205钻井队正在杏区打疑难井,临走前队长对李新民千叮咛、万嘱咐,还是有些放心不下。

这一区块地下情况十分复杂,易卡、易漏、易喷……被称为五毒俱全的"老虎口",不出事还好,出事可能将报废一口井或者机毁人亡的大事故。但李新民想,害怕困难不是1205钻井队人的性格,勇于冲锋陷阵才是1205钻井队人的本色。只要我们有铁人老队长那股子站排头精神,科学施工加实干作风,就没有战胜不了的艰难险阻,就没有过不去的火焰山。深思熟虑后的李新民跟队长立下"军令状",决心要"虎口拔牙"。

◎ 1205钻井队井场

◎ 1205钻井队作业现场

开工前，他召开了战前动员会，发动骨干集思广益，想了许多好办法，进一步增强了打好这场攻坚仗的决心和信心。开钻那天，他把行李卷搬到了井场，从装封井器、下表层套管、到加重后打开油层、完井电测收尾的每一个环节，他始终盯在现场，督促落实技术措施，一丝不苟地组织生产，甚至每天吃饭，他都习惯性地端着饭碗蹲坐到循环沟边观察泥浆情况，他随时了解施工进度等第一手资料，对地上、地下的每一点变化都了如指掌，一有特殊情况马上采取措施，多次把事故消灭在萌芽中。经过他和同志们三天三夜的艰苦奋战，"老虎口"始终没有发威，李新民亲自督战指挥的第一口疑难井胜利的交井了。就这样，队长出差了半个月，李新民带领大家打出了3口优质疑难井。

队长回来后激动地拍着他的肩膀说："新民，好样的，关键时刻真能顶上去。"

（大庆钻探工程公司供稿）

铁汉柔情

安全约定

2008年10月19日晚上10点多,李新民的妻子王伟突然接到婆婆的一个电话。王伟很意外,也特别紧张,因为平时都是他们主动给婆婆打电话,婆婆主动给她打电话,这还是第一次。电话里,婆婆让她赶快给新民打电话,问问他现在在哪儿、怎么样,不行就回来吧,语气很急躁。王伟有点懵了,李新民出国两年多来,基本上每隔七八天都会给婆婆打电话报平安,而且婆婆特别支持自己儿子干事业,这次火急火燎地让他回来,肯定是家里出了大事。经过仔细询问,婆婆才说出原委。原来老人家耳朵和眼睛都不好,很少看电视,自从李新民出国后,老人家一改往常,每天国际新闻都成为她必看的节目,她说儿子在国外,看国外的新闻,说不定哪天就能看到儿子。这次是她在电视里看到在苏丹有九名中国石油工人被绑架,马上就想到了李新民,也真正地明白了儿子所处环境有多危险,她这么大年纪了,实在不想听到关于儿子不好的消息,最大的心愿就是一家人平平安安。

婆婆担心的,何尝不是自己担心的。王伟是大庆65中学的政治教师,工作性质决定了她不得不更关心国内外大事。每次听到国外,特别是苏丹发生战乱,或者是发生袭击、爆炸事件,她都心惊肉跳,始终感到李新民在苏丹打井,就相当于在炸药库边上放鞭炮,一下照顾不到就可能有生命危险。但是她还不敢和婆婆说,怕婆婆年纪大,整天担心影响身体。今天通过婆婆这个电话，才知道原来婆婆也一直在默默地关注着李新民的安全。母亲和妻子，两个深爱着李新民的女人，都在默默地独自承受着内心的煎熬。听了婆婆的话，王伟眼泪不由自主地流了下来。

第二天，李新民听王伟讲这件事的时候，心里很感动，也很难过。为了减少家人的担心，他坚持每周都给家里打两次电话。但是当时苏丹和家里通讯还不是很方便，经常没有信号，有时到了打电话的时间打不出去，家里人反而更担心。最后，李新民想出了一个办法，和家人做了两个"安全约定"，一是和母亲约定，不给母亲打电话，就说明自己很安全，没有消息就是最好的消息；一是和妻子王伟、儿子李晨星约定，平时没有特别重要的事不打电话，他每天都上QQ，只要QQ在线，就说明很安全。

为了这个约定，从不聊天的王伟，特意申请了一个QQ号，里面只有一个网友，就是李新民。苏丹跟中国有5个小时的时差，王伟每天下午5点下班时，苏丹正好是中午12点李新民在班上的时间。为了知道李新民是否安

◎ 李新民与妻子儿子在一起

全，王伟每天回家下班回家，第一件事就是开电脑看 QQ。如果李新民的头像亮着，就很放心；不亮，就会瞎猜，坐立不安。有一次井队搬家，李新民没及时告诉王伟，结果王伟整天吃不香、睡不好，直到李新民的 QQ 头像再次亮起。后来李新民只要有事，都会先告诉妻子，让妻子放心。细心的儿子知道妈妈担心爸爸，根据爸爸 QQ 在线情况，给爸爸画个工作时间表，计算出规律。告诉妈妈，如果亮，是爸爸在工作现场，不亮，就是在搬家。现在，这个约定的已经保持了两年多，有人问王伟，这个约定要保持多久，王伟感慨地说，作为李新民的妻子，我要了解他，更要理解他，了解意味着知道得更多，而理解则意味着付出的更多，但是为了他的头像能够永远闪亮，我愿意一直和他约定下去。

队长当"媒婆"

1205 钻井队队长胡志强认为李新民有一项超能力，那就是：李新民能观察人，每个人的情况他都能了如指掌！

2001 年 4 月的一段时间，谢春龙没事总盯着手机看，工作时还没精打采、心不在焉。

看到这种情况，李新民一下就猜中了："小谢，是不失恋了？"

"你咋知道的？"

"这个你不用想，都在我心里装着呢！你别愁，好好干工作，咱啥也不差，我一定给你介绍个好姑娘。"李新民安慰说。

一周后，小谢下了白班正洗脸，李新民急匆匆地过

◎ 2006年7月10日，1205钻井队为四名钻工在井场举行集体婚礼

来，对谢春龙说："小谢，赶紧的，打扮精神儿的，大哥带你去相女朋友。"

小谢当时有点惊愕地看着李新民，说："不是真的吧？"李新民捶了小谢一拳说："是真的，快点儿吧，可别耽误了大事儿。"

带着谢春龙去和姑娘见了面，竟是一见钟情。不过姑娘的家里却怎么也不同意，当时姑娘的家里人也是碍于朋友的情面，才同意让姑娘和小谢见上一面，没想到姑娘真能看上小谢。李新民又三番五次到姑娘家里去做工作，并向姑娘家打保票：姑娘嫁给小谢准错不了。后来，小谢和姑娘高高兴兴结了婚，现在小谢的儿子都好几岁了。小谢由于工作出色，现在已担任了1205钻井队的副队长。小谢常说，要是没有李队长，就没有我现在的幸福。

知道钻井工人找对象是个大难题，李新民经常四处张罗，找老乡、找同学、找亲朋好友，积极向外"推销"队里的小伙子，因此大家都戏称他为"李媒婆"。

子不识父

"儿子,我是爸爸,不认识了?"在值班房门口,副队长谢春龙六岁的宝贝儿子,已经不认识他这个父亲了。

看着眼前这个满脸是泥,长满胡茬子的人,小家伙感到很陌生。

谢春龙哥哥走过来说:"你儿子在家天天哭着喊着要找爸爸,你媳妇说你肠胃不好,也要来给你送药,还是我跑一趟吧。瞧你造的,孩子还哪能认识你?"这时,小家伙终于在哥俩的对话中,辨认出了爸爸,他紧紧抱着谢春龙的脖子恋恋不舍地说:"爸爸,你什么时候回家呀?给你药!"谢春龙动情地抚摸着儿子,在儿子脸上狠狠地亲了一口,转身跑上了钻台。

◎ 1205钻井队职工家属参观钻井台

石油老照片 追梦·圆梦

子承父业

"孙师傅,你儿子孙泽轩现在是咱1205钻井队的柴油机"大拿"、"技术顾问",可有出息了,您老就放心吧!"1205钻井队队长李新民拉着孙崇德老师傅的手说。放心、放心,有出息就好,可千万别给1205钻井队抹黑……

柴油机工孙泽轩是1205钻井队二班的柴油机司机,1992年被老父亲亲自送到了1205钻井队当了一名普通的钻工。父亲孙崇德是1205钻井队的原柴油机大班,是20世纪70年代1205钻井队里出了名的柴油机大拿。也许是受父亲的影响,来到1205钻井队,孙泽轩一面认真干好本

◎ 李新民和1205钻井队队友一起上班

职工作，一面又寻找一切机会自学修理柴油机。每当队上柴油机出现了问题，他都跑到跟前去看，看别人怎么修，并且打电话给父亲询问处理方式。倒班回家，他就跑到机修厂去找修柴油机的师傅拜师，主动给人家打下手，亲自参与修理。即使休息在家的时候，他也总是不停地给队里打电话，询问柴油机的情况，一听说柴油机出现了问题，马上打车回队，直到看到柴油机修好了他才肯回家。许多人都对他的行为难以理解，认为他不过是个普通的钻工，柴油机不归他管，他至于那么痴迷吗？可以孙泽轩并不在乎别人怎么看他，一如既往地爱着他的柴油机。因为他业务突出，1995 年，他当上了一名柴油机工。8 年来，他在这个岗位上兢兢业业，从未有过一次失误，为队里化解了不少生产险情。孙泽轩的家庭条件很好，他又是家中的小儿子，许多人以为他干不了几年，可是 11 年过去了，他有过多次调出 1205 钻井队的机会，他都一一放弃了。有时朋友们忍不住问他："你到底图的啥？"他却淡淡地说："我来 1205 钻井队并不是为了挣钱，只因为这里是铁人队，这里曾经是我父亲工作的地方，这里有我喜欢的柴油机，我可以天天看到它、摸到它，只有在这里，我才可以充分地发挥我的特长。"

钻工的孩子早当家

李新民当队长的时候，儿子李晨星还是个七岁的小男孩，因为爸爸顾不上家，妈妈又是带着毕业班的班主任，小晨星早早就学会了自己照顾自己。

每天，小晨星挂着钥匙去上学；放学后，就自己走回家写作业。因为妈妈工作忙，常常周六、周日也要上班，小晨星便会经常地被"寄放"在邻居家、妈妈的同学家、同事家甚至是小晨星的老师家。有一天，刚刚吃完晚饭，妈妈临时要到学生家家访，他又毫无选择地被送到了邻居阿姨家，等到妈妈家访回来，已经睡着的他才被迷迷糊糊地领回了家。

2006年2月，爸爸出国了，独自和妈妈在家的小晨星，不再像以前那样淘气惹妈妈生气，他知道在上楼的时候走在妈妈后面，给妈妈断后；下楼的时候走在妈妈前面，给妈妈领路。妈妈生病了，他帮着妈妈倒水、拿药，

还学着煮面条，为妈妈准备晚饭。2006年6月份的一天，妈妈单位组织献血，因为赶不回来做饭，妈妈给了他10元钱，让他中午到楼下的小吃铺去吃饭，并说好中午回来后去小吃铺接他。中午吃饭时，小晨星忽然想起，妈妈曾说过豆浆有营养，这次妈妈去献血了，那就给妈妈买一碗豆浆吧。时间一分一秒地过去了，小晨星在小吃铺焦急地等待着妈妈，可是，小吃铺的顾客一个一个地都走光了，指针也已指向了12点15分，妈妈怎么还没来啊。实在等不及了，小晨星走出了小吃铺，自己一个人慢慢地往家走。在路上，他老远就看见急匆匆走过来、脸色苍白的妈妈，连忙兴奋地跑过去，大声地喊着："妈妈，我给你买豆浆了，你献血了，需要补充营养！"

那一刻，小晨星看见，妈妈，流泪了。

亦兄亦友父子情

多年父子成兄弟，李新民和儿子小晨星的关系一直非常好，可谓亦兄亦友。

说起儿子，李新民常说的一句话就是：这孩子，就是跟我有缘，连出生的时候也是在跟我开玩笑！

那是1995年6月12日，妻子王伟眼看就到了预产期。李新民也提前跟队上请好了假，准备陪伴妻子生产。

可是到了医院，一连几天都没有丝毫动静。"小家伙"跟李新民"躲"起了"猫猫"。

这可急坏了着急赶回去上井的李新民，天天魂不守舍似地在病床边上打转转。

"此'生产'非彼生产，这可不是你着急就能见到效果的事！"打电话回去向队里请假，队友们都这样劝他。

终于，1995年6月18日凌晨6时许，孩子的一声啼哭让李新民如释重负。

经过一夜的折腾，清晨时分东方的那颗星星留给了李新民很深的印象。因此，孩子取名叫"晨星"。

儿子顺利降生，李新民心里别提多高兴了！

安顿好母子俩，李新民没有片刻休息，带着满心的欣喜，又回到了久违的井场。

◎ 李新民与妻子、儿子在一起

此后，儿子的成长，成为了李新民最大的挂念。

有一次，李新民轮休在家，有机会参加了儿子学校的家长会。开完会，老师们的发言内容被他详细地记录了10多页，回到家，他向娘俩认真地传达了40多分钟。针对孩子一味题海战术的误区，他给儿子建议：先把书看透，掌握好书本知识的内涵与外延，再做题。让小晨星觉得非常受用。

在儿子房间里的一面墙上，有一块特殊的区域，上面一道一道地用铅笔画了10多条线，旁边还写着一排排数字。

那是李新民特意"开辟"的用来记录儿子身高情况的"专栏"。

从他走出国门的2006年开始，每次他轮休回国都要亲自为小晨星量一次身高，并画上线，记录上日期和高度。

"2006.12.14，1.52m"，最下面的那条线上这样写着！再往上，依次是"2008.4.7，1.58m"、"2009.4.12，1.69m"……最上面的那条线上写着"2011.3.17，1.77m"，记录着孩子的成长历程。

"来，站直溜儿的！"李新民一边用纸板顶着墙体，一边让小晨星站直身体，确保他从卷尺上读出的数据的真实可靠。

"干啥都这么认真，丝毫不含糊！"妻子王伟每次看到都这样说。

"这次没长多点啊！"2008年7月11日这天，李新民发现儿子个儿长得没有他想象中的那么快了。

得知儿子迷上了玩篮球，于是李新民就特意在一进门正对着客厅的储物柜上给儿子装了一架儿童篮球架。

这样，儿子每次做功课感觉累的时候，都能够去投几下篮球，个子也越长越快，很快超过了他！

李新民一直都有个习惯：每次倒班回来，第一个晚上都跟儿子挤一张床。

晚上，两人叨叨咕咕大半夜，小晨星给李新民讲自己的学习情况、李新民给孩子讲国外的趣闻，俩人越讲越来劲，很多时候都忘记小晨星第二天还要上学的事。

小晨星觉得：李新民就是自己的"亲密伙伴"。每次妻子王伟气急之下要教训小晨星的时候，都是李新民在娘俩之间横挡竖挡。因为在李新民看来，这违反了他"以德服人"的原则。

李新民和儿子之间少有不快，就有一次，妻子王伟在教育孩子的时候，李新民没能挡住，小晨星挨了打，竟天真地觉得李新民是"叛徒"，就一头扎到床上怎么也不起来。

李新民心疼儿子，就和母亲围坐在小晨星的床头，不停地讲道理劝解，费了好大劲才劝住了儿子。

现在儿子长大了，床也变得"小了"，已经快容不下这对"兄弟"了！

（大庆钻探工程公司供稿）

1205 钻井队轶趣事

不留姓名的钻工

（杨国强）

1983 年 10 月 10 日这一天，1205 钻井队青年工人徐文双、申冠下了白班，手提着饭盒，边走边说笑返回驻地。当他俩行至途中，突然看见前方一辆毛驴车正飞速地在草地上狂奔乱窜，车上赶车的老汉紧拽着缰绳，嘴里不

◎ 1205 钻井队第 12 任队长申冠

停的吆喝毛驴停下。看到这个险情，二人几乎同时扔下饭盒，朝毛驴奔去。未等他俩靠近，车已翻在沟里，扣过来压在老汉身上。他俩忙上前用力把车推开，扶起老人，发现老人满脸是血，不省人事。他们让老人平躺在地上，松开衣扣，做起人工呼吸。五分钟后，老人苏醒了一下，说自己是高台子公社的，之后，又昏过去了。他俩商量了一下，将老人抬上车，然后牵着毛驴送老人回家。

天，渐渐黑下来。他们怕老人着凉，就脱下绒衣，轻轻地盖在老人身上。这么大个公社，如何能找到老人的家呢？他们不顾疲劳，挨村挨户地询问，已经走了三座村庄，也没有找到老人的家。他们感到口渴，肚子也咕咕地叫起来，两腿重地像灌了铅，他们咬住牙，互相鼓励说，就是不吃饭不睡觉也要找到老人的家。

老人渐渐清醒了，在朦胧的夜色中，依稀分辨出自己的村庄。把老人送到家时，已是晚上七点半了。老人的家人看到他们身穿沾满泥浆的工衣，累得精疲力竭，不知怎么感谢好，忙着张罗饭菜。他们在老人身旁坐了一会，发现老人已脱离危险，就起身告辞，老人家人忙挽留他们，并请他们留下姓名单位，他们却只是一个劲地笑着说："这是我们应该做的。"

井场"桑拿"

冷在三九、热在三伏。

然而，一个多月来，钻工们天天迎着难耐的酷暑，日夜奋战在井场钻台。

一天中午 12 点多，二班接班时，司钻邓守庆问一班司钻王晓夫："还有多少米套管没下完？"

"还差709米。"

"你们也太慢了,怎么给我们留这么多?"邓守庆开玩笑地说。

王晓夫也不失幽默:"我们特意给你们留的,看你们能不能创出新纪录!"

为确保第二天搬家,邓守庆带领大家甩开膀子拼了起来,上下吊套管、对扣、旋扣……

人人都那么熟练、紧张有序、干净利落。

大家汗流浃背,像洗桑拿一样,嗓子冒烟,可此时喝口水的功夫,他们都不舍得浪费。

伏天像小孩的脸,说变就变。刚才还烈日炎炎,转眼就风雨交加,可大家只是全神贯注地工作,丝毫没有感觉到雨越下越大。

经过四个多小时的奋战,终于顺利下完了709米套

◎ 1205钻井队施工现场

◎ 1205钻井队钻工在进行施工作业

管,并于晚上21点多固完井。接着他们又马不停蹄,立即投入到甩钻作业,一直到第二天早上5点多,连续在井上工作了18个小时,为搬新井赢得了时间。

不缺精神

"胡队,去睡一会吧,你又一夜没睡了!"凌晨三时多,党支部书记赵明涛对队长胡志强说。

"我还能顶住,大家将近一个月地加班连点的工作,不是都缺觉吗!你看大家就是不缺精神,我更不能缺了!"眼睛红红的胡志强答道。

这是二班为保证中26-斜E65井顺利完井,不误第二天搬家。

他们承担着下套管、固井、甩钻具等的任务,在工作量加大的情况下,为加快施工速度,各岗位紧密配合,抢时间、提速度,忘我地工作着。

场地工石长明在卸护丝时,不得不在水坑里趟来趟去,泥水灌进了雨靴,他全然不顾。经过大家不懈努力,终于在 19 点多下完了全井套管,固井工作也在当日 21 时多顺利结束。

可他们仍然不能松口气,既要将 1100 多米的钻具甩下钻台,还要做好第二天搬家的所有准备工作。虽然,大家已经极度疲惫,但没有一人离开井场钻台。

终于在第二天凌晨 5 点多,圆满地完成了所有工作任务,一个班干了两个班的工作量。

身后鼾声

郎洪亮是队里的电工技术员,干起活来像小老虎一样。有一天,三班上零点班,队里要求他们完成高 234-斜 37 井封井器、放喷管汇等安装任务,不能耽误第二天二开。

为抢时间提前完成,大家分成三组进行安装。

在安装封井器法轮盘的时候,由于井口都是淤泥,可谁都没犹豫,深一脚浅一脚地踩着淤泥,将 150 多公斤重的法轮盘好不容易旋在了套管上,可还差四五扣没拧紧,他们就想办法,硬是将剩余丝扣拧紧。

安装放喷管汇也是个力气活,需要将 5 根钻杆连接起来,每一根钻杆的重量都在 500 多公斤,膀大腰圆的郎洪亮,带领 6 个小伙子,喊着一二三,将 5 根钻杆一根一根的抬到位并旋紧,排成了一条直线。

◎ 1205钻井队的钻工在进行施工作业

凌晨5时多,终于安装完毕。比以往提前了1个多小时。

这时,和大家一样汗流浃背的郎洪亮才松了一口气,擦了一把汗对大家说:"忙活大半宿了,到值班房喝口水吧。"一听喝水,都觉得嗓子冒烟了。

白天,郎洪亮由于处理电路问题和其他辅助工作,一天没休息。在上零点班前,也只休息了3个多小时,一停下来,才感觉到很疲倦。他看看值班房干净的椅子,再看看自己满身尘土、油污的工服,心想先喘口气吧,就一屁股坐在地板上。

一会工夫,一桶纯净水就被喝下去了一大半,当常冠军最后一个喝完水后,忽然,听到身后传来一阵鼾声,回头一看,郎洪亮坐在地板上睡着了。

找 牛

"铁人的队伍,就是不一样!谢谢!谢谢!真是太谢谢你们了……"一个农民紧紧握住了 1205 钻井队几名钻工的手,连声道谢。

原来,在大庆油田有限责任公司第六采油厂喇嘛甸区块施工的 1205 钻井队三班的几名钻工上午在雨后收拾院子内的积水时,看见门口有一个老农民在四处张望,像是在寻找什么。"请问你有什么事?"司钻赵建安走过去客气地问道。"我是这养殖场的,我们场里的一头牛昨天下午放牧时跑丢了,我都找了一宿了,也没找到,真急死我了。"这位老人焦急回答道。望着急得满嘴是泡的这个人,赵建安感受到了他此时的心情。忙安慰他说:"老大爷,你别着急,我们一起想想办法。"随后他把班里人都叫了过来,对大家说:"老大爷家的牛丢了,我们快帮他找一找吧"。

◎ 1205 钻井队驻地

于是他们就两个一伙，三个一帮地分头寻找，草地上因为刚刚下过一场雨变得非常泥泞，10月的天气经过一场雨后也异常寒冷，可他们不顾这些，每一个树林、每一个路沟下面他们都仔细寻找，并且在不停地询问路过的人……三个小时以后，他们终于在一个很深的路沟下发现了丢失的牛……

当他们牵着牛送到农民手中时，就出现了开头的那一幕……

别了，"猫头"、刹把

拉"猫头"、扶刹把曾是钻井工人艰苦、危险作业场面的生动写照。铁人王进喜生前的重要遗愿就是采用新设备、新技术，让钻井工人摆脱危及钻工生命安全的"猫头"的困扰。从1953年建队开始，直到1995年，整整42年，1205钻井队都在使用猫头、刹把。2003年初，大庆油田引进了新型直流变频钻机，这套设备采用国内外钻井机械新技术，以司钻操作间取代了原有的司钻台，把操纵钻具升降系统的刹把，变成了操作仪上一个控制手柄，用液压大钳装置，取代了钻具套管上扣、卸扣的'猫头'，是井口作业机械化的一次革命。

干钻井的人都知道，搞新机型试验费时费力，而且还要承担一定的风险。这个重大的试验性科研任务，交给哪个队去完成呢？大庆油田钻探工程公司钻井二公司主要决策者慎重地考虑着。李新民很快知道了这个消息，他像知道了一个天大的喜讯一样兴奋。"铁人老队长的遗愿一定要铁人队伍完成，新设备试验，1205要当先驱。"李新民主动向领导请战，把这个重要的任务争取到了1205钻井队。

◎ 李新民在对1205钻井队队员进行党史教育活动

试验任务开始了,李新民一头钻进了操作间。那一刻,他仿佛得到了珍贵的宝藏,每件设备、每个配件、每个开关、每个指示灯,在他眼里都那么陌生、那么新奇,又那么让他爱不释手,他想尽快地熟悉它们,了解它们,就像曾经和他们常年在一起奋战的钻机一样。从散件设备的名称、分类,到整套设备的安装、调试,他始终坚守在第一现场,一组组记录数据,一遍遍熟悉钻机性能,一个个调试部件,宛如一个潜心研究的学者,一名致力发明的工程师。30个日日夜夜里,李新民带领大家一起熟悉、调试、安装设备近18个小时。为了尽快适应新设备,李新民忘记了自己答应给母亲过70岁生日的许诺,忘记了和妻子儿子逛公园的许诺,和队友们一起全身心扑在了新型钻机试验上。

在李新民和队友们的努力下,试验很快取得了成功。坐在司钻房熟练地操作着提降钻具的设备,从心底体会着

◎ 1205 钻井队青工学习液面报警仪工作原理

新技术带来的好处。李新民的眼睛湿润了，他终于圆了铁人老队长和几代钻井工人的梦想，扶刹把、拉"猫头"的时代就要过去了，钻井事业新科技的时代开始了！

有了这次熟悉设备的经验，1205 钻井队掌握新设备的速度越来越快了。2004 年，学习操作 ZJ30 钻机，全队只用了 14 天。2010 年，学习操作更为先进的 ZJ30DB 钻机，全队只用了 5 天。

互助网里故事多

"喂！媳妇，是我。那个'五一'的两只鸡和四斤肉他们送没送去？啊！送去了，没坏吧？好，好，以后你有什么事直接就可以找互助网内的同志解决……

1205钻井队党支部结合钻井队常年在野外施工、职工们很少能顾及到家庭的实际,在职工家庭之间建立起了"家庭互助网"。他们将全队干部职工的家庭地址、家庭电话、应急电话制成了互助卡发放到每名职工家庭手中,以便干部职工家属在特殊情况下,向卡内职工家属或倒班在家的职工求援,及时解决存在的问题。通过党支部这些深入细致的工作,使职工们的后顾之忧解除了,工作积极性更大了。

(之一)搬家

原泥浆大班黄晓工作认真,积极肯干,是队里的骨干。他为人爱说爱笑,乐观豁达。可是这几天大家都看他

◎ 钢铁1205钻井队

有些反常，经常闷闷不乐的。党支部书记李新民知道后，就去和黄晓谈心，原来，黄晓家住地外地，好不容易在市区要了一套房子，可是家远，搬家太不方便，再说现在井上生产正忙，自己担任着主要岗位，这个时候怎么能离开岗位呢？这事被倒班在家的队长盛文革知道后，他立刻召集了倒班在家休息的互助组成员，安排了时间，讲明了"任务"，他们一起到市场雇了一辆车，找到黄晓的妻子，发扬"人拉肩扛"的精神，仅用大半天就帮黄晓把家给搬完了。当黄晓处理完井上的工作回到新房子时，映入眼帘的是一套整洁的家居。听了妻子的述说，黄晓感动得说不出话来……

（之二）捐款

钻工丁辉是1205钻井队的钳工，在工作岗位上勤勤恳恳，任劳任怨，2000年8月，他的父亲不幸患了食道癌，准备到哈尔滨做手术，需要一笔不小的医药费，这给本不富裕的家庭又蒙上了一道阴影。

刚上班没几年、本来工资就不高的丁辉也没有多少积蓄，家里生活状况也不好，这笔医疗费用可真愁坏了他。为了不耽误生产，他没有向领导请假，只是利用正常休班的时间去亲戚朋友那借点钱，但毕竟相差的还很多。面对整日不苟言笑、唉声叹气的丁辉，在同一互助网里的司钻赵建安知道他一定有事，就找他谈心。当得知丁辉家中的实际困难后，赵建安毫不犹豫地从家中拿出了五千元钱为丁辉解了急，同时向队长盛文革、书记李新民汇报了情况。队长盛文革斩钉截铁地说："帮助困难职工排忧解难是我们1205钻井队的职责和义务。"他和书记李新民一起号召全队职工献爱心并带头为丁辉捐款。于是1205钻井队的钻工们你20，他50的不一会就为丁辉捐了几千元钱。

◎ 1205钻井队向贫困家庭捐款

当党支部书记李新民和队长盛文革把大家的"一片心意"送到老人家床前时,丁辉父子俩都流下了激动的眼泪。

互助网里的一件件小事,使职工感受到了组织与职工之间流淌的款款真情。同时,也让职工感到了互助网里面同志相互之间的团结与友爱。

李新民学外语

"李队长的外语,能练成现在这样,真是太厉害了,没法让人不佩服!"提起李新民学外语,不管是1205钻井队的老伙计们,还是GW1205钻井队的新搭档,都啧啧称叹。

2005年3月,GW1205钻井队正式组建成立,为了把井打到海外去,李新民跟项目组的成员们走进了大庆油田高级人才培训中心的课堂,开始了为期四个月的封闭学习,学国际市场规则、学当地民俗,但最难的是学语言。

身边的人都知道,李新民学英语太难了!李新民是1990年的中专毕业生,按照他自己的话说:"这上过大学和没上过大学的,英语底子实在是差得十万八千里。我的英语基础本来就不好,又一扔几十年,往起捡基本上就没什么可捡的了,就是从最基础的开始重学。人家那些小年轻的,都能跟外教开始简单沟通了,我这儿还在一个一个地琢磨音标是怎么回事,完全不是一个档次上的。"

而且钻井英语非常生僻,根本不常用,日常英语,咱

◎ 李新民在学习

时不时地能听到、用到，怎么也能说两句"Hello"、"Thank You"什么的，容易记住。那些钻井单词就很难记住。

李新民就把井队会使用到的120多个常用用料、钻井工具，钻头、扳手等内容，打成英语单词，揣在兜里，一有空就拿出来背，记不下来的英语单词发音就用汉语标注。他跟队友们说："语言都学不会那还能学啥，出国还能干啥！"

封闭培训的四个月，李新民一节课没缺过，下课了，到外面抽根烟就又回到座位，拿着书反复念，念单词、念音标，念熟了就开始写，一个词一个词背。每次有1205钻井队的队友从井上倒班回来给他打电话，一问："干啥呢？"李新民的回答几乎都是一样的："学英语呢。"

队友们说，李新民学英语，比小孩刚开始学说话都难。"小孩说话，至少是一个词一个词地往外冒，而李队长是从一个一个音标开始记。人家上过大学的，一看音标就能把单词拼出来、读出来，李队长是不行的，他得先认清一个一个音标长什么样、怎么发音，然后才能去读单词。所以他英语最后能通过中国石油天然气集团公司的内部托福考试，真是太不容易、太难了。"

在他的带动下，同批参加培训的1205钻井队的12名队员早上要出早操，跑完步就开始背单词；晚上，宿舍熄灯了，就拿着书到走廊里去，把当天没记熟的内容再回回炉。培训结束的时候，这12名队员也全都通过了出国前的审核考试，并且还有8人跟李新民一起通过了托福考试，大家说："队长都这么没黑没白地学，咱这要是不努力、通不过考试，真是有点儿说不过去了。"

话说几年后，大庆油田高级人才培训中心的老师到1205钻井队学习参观，仍对李新民带领队友学外语的事念念不忘："这么多年的培训经历，从来没见过像你们李队长那样学外语的！"

2006年，带着队伍到了苏丹以后，李新民发现：敢情老外说英语也是五花八门的。首口井的甲方监督是伊拉克人，说着一口浓重中东口音的英语。李新民他们所有的英语听力都仅限于出国前集中培训时的课堂训练，哪见过这种方言英语的考验，于是，同去的队友们一见到甲方监督，能躲赶快躲，尽量不跟他打照面。可作为海外的平台经理，李新民必须得顶上去。

他就每天随身带着一本英语辞典，跟甲方监督用说的方式沟通不明白的时候，双方就开始翻辞典，或者拿笔写下来，开始纸上的交流。几口井打下来，李新民的那本英语辞典上已经被写写画画得密密麻麻。并且，由于甲方监督不少都是来自阿拉伯国家，当地的苏丹雇员也大多说阿拉伯语，李新民还把阿拉伯语标注成英语、汉语两种发音的方式，现学了一些当地语言，于是在GW1205钻井队的井场上，经常可以见到四种方式的交流：英语，阿拉伯语，汉语，还有手语。

要说李新民现在的外语沟通能力，队友们说：工作用语当然是绝对没有问题了，用英语跟老外们开开玩笑也是常有的事。

（大庆钻探工程公司供稿）

一把扳手"砸出"安全新规章

"内钳工负责操作液压大钳,钻进时在钻台上要做好接单根准备工作……"这是1205钻井队在进行交接班考问岗位责任制时,二班内钳工施常明把四条176个字的岗位责任制一字不差地说了出来。1205钻井队班班抽查岗位责任制已坚持了七个多月。

为什么班班抽查岗位责任制?这要从一把扳手说起。2011年12月,1205钻井队负责的西622-斜314井完井后,在起钻作业过程中,由于钻机的震动,井架二层平台上的一把扳手突然落下,砸在钻台台板上,留下一个刺眼的白点儿,幸亏未砸到人。

扳手为什么从高空掉下来?原来,扳手系得不牢。一把扳手掉下来,看似一件不起眼的小事,1205钻井队却没有批评后了事,而是用红油漆把白点涂红,把扳手也悬挂在值班房,引以为戒。事后,他们将系牢扳手写入员工岗位责任制中。

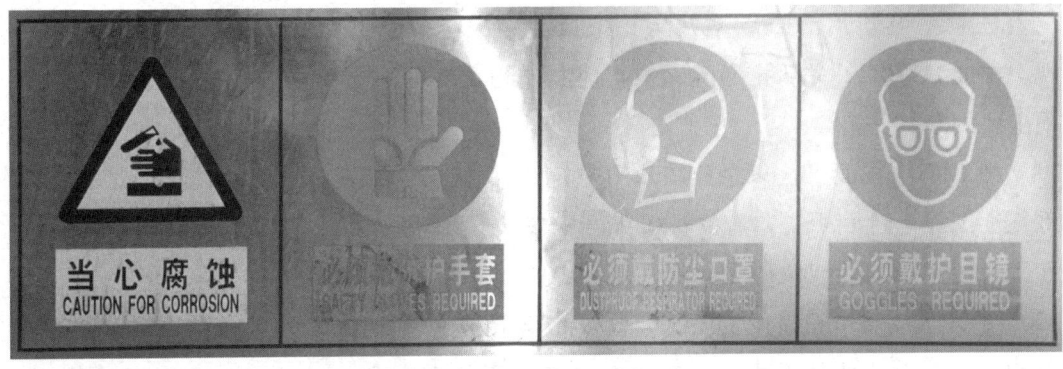

◎ 1205钻井队井场安全标识

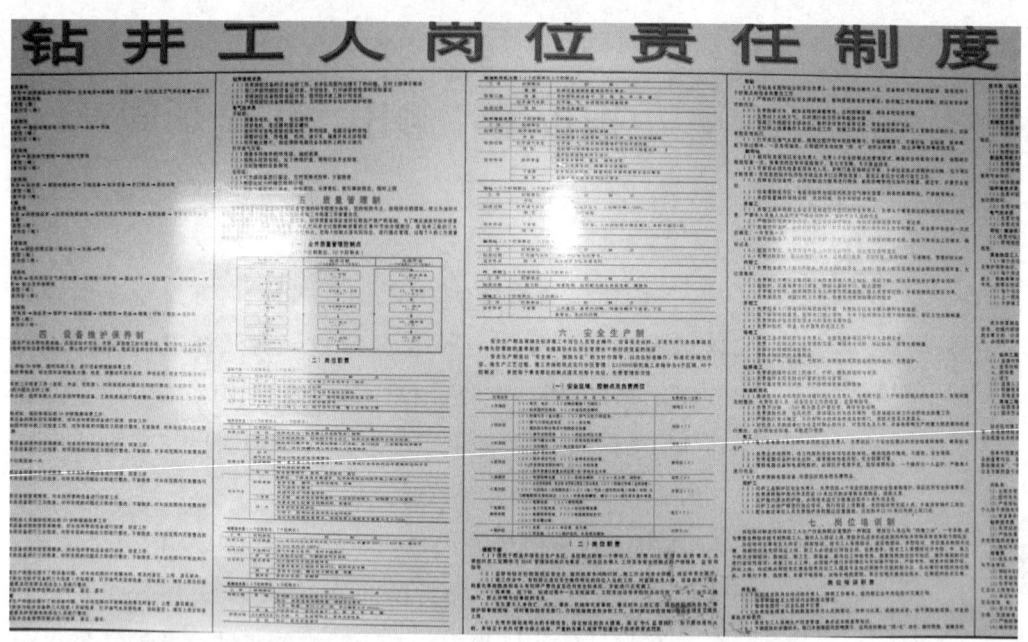

◎ 1205 钻井队贴在墙上的岗位责任制度

"钻井属于高危行业。我们深刻认识到,严格执行岗位责任制的重要性。员工在执行岗位责任制时绝不能走样,更不能打折,必须钉是钉,铆是铆。掉扳手不是一件小事,因为安全无小事。事故往往是由小事酿成的。"1205 钻井队队长胡志强在完井安全分析会上说。

1962 年 5 月 8 日 1 时 15 分,大庆油田最早建成投产的中一注水站着了一把火。一把火烧出了问题、烧出了岗位责任制。50 年后,1205 钻井队一把扳手砸出了安全新规。由此,1205 钻井队把考问岗位责任制作为交接班的一项主要内容。

不识庐山真面目,只缘身在此山中。钻井施工大多是重复性工作,时间一长,有的员工就会松懈,易出现习惯性违章。怎样刚性地执行岗位责任制?2012 年年初以来,1205 钻井队按照公司岗位责任制大检查的要求,在月月自检的同时,以"传统丢没丢、作风变没变、责任到没到、

○ 1205钻井队班组安全活动记录

标准降没降"为主题，组织员工查找自身忽视安全的行为，让责任成为一种习惯。3月28日，他们又邀请1205钻井队第18任队长、"大庆新铁人"李新民回队挑毛病。

李新民在驻地、井场和钻台，边检查边指出存在的问题。当发现配电柜各分柜门没有安全警示牌等问题时，他总结说，咱们队的传统没丢、作风没变，标准依然很高，但拿国际标准来衡量，咱们还有不足。这些年，我在国外施工深有感触，每一道工序差一点儿都不行，必须严格按照国际标准来执行。出了差错，毫不留情。所以，我们在干任何工作时都要像铁人那样，为油田负责一辈子。只有把制度体现在行动中，三基工作才能落到实处。

"针鼻大的眼，可进斗大的风。一把扳手砸出的安全新规，让我们记忆犹新。"1205钻井队党支部书记赵明涛说。

2000年以来，1205钻井队先后更换了4次钻机。钻机型号不一样，每次更换都有一些变化。每使用一套新型钻机，员工们都认真总结经验，及时调整完善岗位责任制，对每个岗位都细化责任，形成制度，落实到人头。在使用ZJ15／900DB钻机进行丛式定向井施工时，1205钻井队创出井底水平位移532米的新纪录。

（大庆钻探工程公司供稿）

"国际监督"走进铁人队

"配电柜分柜门的把手,怎么没有安全警示牌?我们在国外施工,是不允许的,不符合国际标准……"这是3月28日上午,"大庆新铁人"李新民在萨尔图区打井的大庆油田钻探工程公司钻井二公司1205钻井队井场进行岗位责任制检查中,边检查、边把发现的问题指给大家看,并讲清危害。

"不识庐山真面目,只缘身在此山中"。怎样进行自检?让岗位责任制大检查真正起到促进员工自觉提升岗位执行力、岗位标准化,推进三基工作提档升级。1205钻井队在进行自检的同时,以"传统丢没丢、作风变没变、责任到没到、标准降没降"为主题,专门邀请了第18任队长、"大庆新铁人"、现任大庆钻探伊拉克鲁迈拉项目副

◎ 1205钻井队井场安全标识

经理兼哈法亚项目负责人李新民回队按照国际标准进行岗检。

当李新民走进值班房,电工潘佳奇正在查看高322-斜40井的工程、钻井设计,就问他:"现在打了多少米?施工中,作为电工,除了看设计,还要弄清哪些问题?"

"这口井,已打了126米。还要查看加重井深,因为在加重时,钻机的负荷比较大,得根据实际情况,来设定启动柴油发电机的台数,保证加重施工正常进行"。潘佳奇回答道。

"看设计,不仅要看你说的这些,还要看油层在多少米的位置,地下有没有高压层,还要时刻注意检查电器设备的防爆功能,如果失灵,一旦发生井喷,就会酿成事故。"李新民对潘佳奇说。

"志强,井架下船地下的接地线桩子不规范、容易失去作用;驻地、井上部分插座不防爆……"李新民一边检查、

◎ 井场工作须知牌

◎ 1205 钻井队员工在检修线路

一边毫不客气地对队长胡志强和岗位员工指出存在的问题。

　　李新民从驻地、井场到钻台，先后抽查了电工、内钳工两个岗位，按照岗位的巡回检查路线，依照国际施工标准细致的进行了检查。通过对 13 个项点 23 个部位的检查，李新民共查出 3 项 6 个问题，其中有 4 个当场进行了整改。

　　在对这次岗检进行总结时，李新民感慨地说："岗位责任制大检查是大庆油田的优良传统，通过今天的岗检，可以负责任地说，咱们 1205 钻井队还是一支作风过硬的队伍，各项基础工作比较扎实。咱们队的传统没丢、作风没变，标准依然很高，但拿国际 API 标准来衡量，还有不足。这些年，我从苏丹到伊拉克深有感触，在国外施工，每一道工序差一点都不行，监督既不看僧面，也不看佛面。要想降低标准，一点商量的余地都没有，必须要具有过硬的技术，高度的责任心。所以，我们的任何工作都应像铁人那样，为油田负责一辈子，只有把制度体现在行动中，三基工作才能落地。"

"李队长检查的项点比我都仔细。在检查前，我胸有成竹，不会查出什么问题来，可是，我却忽视了象配电柜应当有安全标识牌这个细节。今后，我一定要提高岗位标准，增强责任心，让我的岗位也与国际接轨。"潘佳奇佩服地说道。

"李队长用国际施工标准对我们进行了检查，也指出了存在的问题和不足。今后，我们项项工作都要与国际施工标准对标，用国际标准来要求自己，像铁人老队长那样、像新民队长那样，创一流的管理、创一流的业绩。常请李队长这位国际监督回来看一看、查一查，尽快使我们向国际标准靠拢。"队长胡志强、党支部书记赵明涛激动地说。

（大庆钻探工程公司供稿）

◎ 1205 钻井队员工在井场庆祝全年安全生产无事故

清关创纪录

2006年2月23日，经过五天跋涉的李新民和第一批队员终于踏上了苏丹大地。一下飞机，李新民马上找到相关人员，劈头就问："这里清关最快需要多长时间，什么时候能正式开钻打井？"是啊，李新民一心惦记着已经到港的钻井设备，心里想的就是要把井架快点立起来，让钻机飞速转起来！

想当年，铁人到大庆一下火车，就问："钻机到了没有？井位在哪里？这里打井最快的纪录是多少？"新老队长的首问竟是如此的相似。一场环境更复杂、条件更艰苦、任务更繁重、使命更光荣的新会战即将开始了。

问清了情况，李新民就马不停蹄地找到在苏丹施工的兄弟单位钻井队去咨询和"讨教"清关的经验和需要注意的问题，并细心制定了一套详尽的清关方案，要让每件设备运到井场后，都能按施工要求迅速落位，避免出现堆积和"窝工"现象。

设备到了，所有的困难也接踵而至。正常情况下，500多个部件的清点，上千吨钻具的搬运，上百部设备的到位，即使有十几个人参与清关的话，慢则一个月，快则也要十几天才能完成。可GW1205钻井队只有六个人，六个人在这项庞大而繁杂的工程面前，该如何应对？

面对质疑，项目经理李新民跟队友们说："我们打个样儿，让他们看看啥叫铁人队！"说完立即带领大家按照方案开始清关。当时，天气异常炎热，地表温度近60摄氏度，别说干活儿，就是站在那里一动不动也受不了。李

◎ 李新民在井场

新民带领其他五人顶酷暑、伴星辰，在异常恶劣的环境中，紧张清点，合理组织搬运。表面上累的是身体，实际上更累的是心。由于对当地气候、环境、饮食等诸多方面的不适应，李新民的嗓子发炎了，牙也钻心地疼，其他人也相继中暑，满嘴起泡。劳动强度大，加上酷暑难耐，一天下来，每人能喝掉十几斤的水，工衣都能拧出水来。

　　六天！六个人只用了六天时间就清关完毕。李新民带领GW1205钻井队创造了中国石油在苏丹港清关人数最少、用时最短的纪录！在港口距井场1600千米的陆运过程中，仅用17天的时间，102车设备全部到达井场，比同类钻井队伍少用整整一周的时间。

（大庆钻探工程公司供稿）

国外"收徒"

在 GW1205 钻井队有 95% 的雇员没有从事过钻井工作，为保证雇员的安全，尽快提高他们的操作技能，李新民要求中方员工每人承包一名雇员，对他们进行传帮带。

由于苏丹雇员说的是当地阿拉伯语，而中方员工在国内学的是英语，所以，大家刚接触雇员时，沟通起来比较困难，没办法只能一边用肢体语言作示范，一边向雇员学阿拉伯语，努力克服语言障碍。为方便沟通，大家一有时间，就向雇员学阿拉伯语。司钻倪健是一个细心人，每班下来，他都把在井上遇到需要进行语言沟通的内容记下来，向雇员请教，从基础的专业工具、技术术语、安全注意事项等简单的语言学起。井架工牛红军承包了外钳工巴

◎ 李新民与外籍员工在一起交流学习

克利，在施工中他手把手地教，给他讲液气大钳、B型大钳的操作、井场钻台上的安全注意事项等。有一次，在二层台起下钻过程中，牛红军先给他讲动作要领，让他在一边看着，再让他去操作，并在他身边看护着他的安全。在操作液气大钳时，卸后他没看压力表，牛红军就给他讲：操作的同时，要观察压力表和扭矩表，否则，易憋爆液压管线，影响正常钻进。就这一项，他就教了50至60次，他的耐心、一遍一遍不厌其烦地教，使巴克利很受感动，他认真努力地去学，一个多月后，就基本能单独顶岗了。巴克利不仅管牛红军叫师傅，而且，他们也成了好朋友。

　　现在，中方人员与雇员之间形成了亦师亦友的融洽和谐的关系，有效促进了工作开展。

（大庆钻探工程公司供稿）

井场就是办公室

苏丹位于北纬 22 度至北纬 4 度。GW1205 钻井队在 6 区施工过程中,当地 6 时左右才亮天,而李新民每天不到 6 时就来到井场,晚上大多在 12 时以后才能休息。

原来,他们刚来到这里打井,面对新的地质构成,李新民为确保万无一失,不让钢铁 1205 的红旗在异国他乡褪色。只要一开钻,他寸步不离井场,始终吃住在井上,为了随时掌握井上的各种情况,随时处理疑难问题。5 月

◎ 李新民教授外籍员操作技能

25日临近深夜，当第二口井打到1200多米时，李新民发现上水不好，水龙带来回摆。这时按照设计要求，甲方要测斜。李新民就抓住这个机会，组织大家检修泵，换了两个缸套、4个活塞，仅用了半个多小时，甲方还没测完斜，他们已把泵修好。中方人员的工作态度，甲方监督特别佩服。所以，李新民的这种工作作风，让加拿大籍甲方监督挺纳闷，一次，他不解地问李新民："我走过这么多井队，没有一个项目经理不在办公室办公的，而你总是在井场，为什么？""没什么。在我们那里，讲的是现场办公。"

（大庆钻探工程公司供稿）

来自苏丹的电话

"铃……铃铃……"12月4日15时27分,大庆油田钻探工程公司钻井二公司企业文化部办公室响起了一阵急促的电话铃声。

"喂,您好!"电话里传来了既熟悉又略带有激动的声音。

"我是李新民,我现在在苏丹3/7钻井区块。能听清楚吗?"

"噢,很清晰。"唐骏华回答道。

"我们施工的第一口定向井刚刚打完1392米的全井进尺。"

"这是你们到苏丹打的第一口定向井吧!"

"是啊!也是3/7钻井区块的第一口定向井。"李新民自豪地说。

"早想给你们打电话了,井上太忙,这里对外联系不是很方便。这不,刚才试了一下,信号还可以,赶紧就给你们挂个电话。家那边现在一定很冷吧?"

"是呀,早就穿上羽绒服了,你们那儿怎么样?"

"就是个热,这里白天气温高达40摄氏度左右,地表温度能达到50多摄氏度。"

"施工情况怎么样,难度大吗?"

"这是我们来苏丹打的首口定向井,设计井深1392米,井斜角29度,水平位移320米。我们施工的3/7区块地层软,施工中易发生井斜,方位也不好控制,还易发生井塌、卡钻等事故,难度还是蛮大的。"

"这口井是 11 月 18 日开的钻,针对这一区块的特点,施工前我们制订了详细的施工方案,并严格执行甲方的技术措施,控制好井斜和方位的变化,使其始终保持在正常范围内。有的时候,地层好像是在故意考验我们,当钻至 1200 米时,井斜角由 28.5 度减小到了 27.5 度,泵压升高、扭矩增大,如不及时处理,就会造成卡钻。我们及时与甲方监督进行沟通,并针对这一突发难题,向甲方监督提出了应急方案,经监督同意,我们立即采取用牙轮钻头替换 PDC 钻头,增大钻头水眼,增加井径扩大率等措施,顺利控制住了井斜,避免了卡钻事故的发生。这口井完钻后,在现场的甲方监督向我们竖起了大拇指。"

"现在,甲方已经决定,3/7 区块的第一口水平井交给我们施工,这对我们又是一个很大的挑战,但是我们一定会战胜一切困难,用实际行动站稳这块钻井市场,让铁人

◎ 李新民在工作

◎ GW1205 钻井队中方员工与苏丹雇员合力促生产

队伍的红旗高高飘扬在国际市场上!"

"祝贺你们取得这么好的成绩!我们也期望能听到更多你们的好消息。"

这是大庆油田钻探工程公司钻井二公司 GW1205 钻井队项目经理李新民在苏丹打回的电话的主要内容,由于电话线路的问题,通话只持续了短短的三四分钟。但却记录了 GW1205 钻井队这支英雄的队伍,发扬大庆精神铁人精神,迈着铁人脚步,以为国争光、为民族争气的豪迈气概,在拓展海外钻井市场中创出的新辉煌。

(大庆钻探工程公司供稿)

石油老照片 追梦·圆梦

铁人旗帜海外飘扬

"请放心，我们将继续发扬大庆精神铁人精神，以科学求实的态度，脚踏实地的作风，创一流业绩，为甲方提供优质服务，在海外市场创出大庆品牌。"在与祖国万里之遥的非洲大陆，置身炎热的苏丹热带草原，大庆油田钻探工程公司钻井二公司 GW1205 钻井队平台经理李新民用掷地有声的话语，向前来慰问海外将士的油田领导表达了这支铁人队伍的心声。

1205 钻井队对于大庆油田和中国石油工业来说，都是一个难以磨灭的名字。

◎ 1205 钻井队海外项目培训班开学典礼

◎ 李新民给队员讲铁人事迹

这是一支铁人王进喜生前带过的"钢铁钻井队","有条件要上,没有条件创造条件也要上"在这里叫响,铁人精神从这里走向油田、走向全国、走向世界。

曾经,为了甩掉贫油落后的帽子,几代1205人为油拼搏、无私奉献。多年来,他们把累计钻井1700多口,总进尺210多万米,相当于钻透240多座珠穆朗玛峰的赫赫战功,镌刻在了中国石油工业的发展史册上。

如今,肩负着拓展油田发展空间、实现可持续发展的重任,新一代1205人坚定不移地"走出去"。从2006年至2010年,GW1205钻井队在苏丹共钻井43口,实现"零事故、零污染、零伤害",先后荣获甲方PDOC"钻井杯"、长城钻井公司先进作业队等荣誉称号。

到了海外,1205钻井队还是标杆!还是旗帜!

"把井打到国外去",实现铁人老队长的夙愿,决不给老队长丢脸。

铁人王进喜曾经说过："我们要有远大的胸怀，要放眼世界。"1205钻井队走出国门是他的梦想。

2006年，铁人的梦圆了。

那一年，1205钻井队一分为二，以时任1205钻井队队长的李新民为平台经理，从队里抽调了一部分人，组建了赴海外施工的队伍。由于辉煌的业绩和巨大的影响力，这支新队伍享受了"特殊"待遇，保留了"1205"的队号，承载着希望的GW1205钻井队蓄势待发。

事实上，他们并不是大庆油田第一支"走出去"的队伍。但作为铁人王进喜带过的队伍，作为孕育了铁人精神的"摇篮"，GW1205钻井队出国有着更重大的意义，李新民和全体队员感受到了巨大的压力。

2006年3月份，GW1205钻井队从冰天雪地的东北来到了烈日炎炎的苏丹。首次走出国门，他们就创造了一项纪录。

经过一个多月的海运，运载钻机设备的船舶靠港，在清关人员非常少、天气非常炎热的情况下，GW1205钻井队仅用六天就全部清关、装车完毕，创造了长城钻井公司在海外施工清关时间最短的纪录。

很快，他们抵达了苏丹3/7钻井区块GVBDIM-1号钻井区。顾不上旅途劳顿，20多名队员人拉肩扛，当天就将钻机设备从集装箱里卸了下来。

然而，一个又一个难题摆在了大家的面前。在海运途中，由于三台柴油发电机、MCC电柜等设备发生了不同程度的破损，使钻井设备的安装调试一时无法进行。此时，距苏丹的雨季还有不到两个月，如果在此之前不能完井，钻机设备将被困井场。

李新民急了，他对大家说："铁人队伍走出国门，不能见难就退。既然来了，就不能丢铁人老队长的脸，不能丢国家的脸！再难也要按时拿下第一口井！"

◎ 李新民在维护设备

全体队员立下"军令状",大家分成两组,24小时昼夜不停地抢修、安装、调试设备。

苏丹的气温长年在40摄氏度左右,初到这里的东北汉子极不适应,热得喘不过气。可一想到是为老队长圆梦,一想到自己的一举一动都代表着大庆油田,代表着中国石油,大家都充满了干劲儿。

经过十几天的艰苦打拼,设备、资料、人员管理全部通过甲方检测,达到了API国际标准,获得了施工许可。开钻后,他们仅用了半个月的时间,就实现进尺1600米,成功地拿下了"海外第一井"。

"服务质量第一,工作标准第一",看到甲方验收人员竖起的大拇指,李新民和队友们露出了幸福的笑容,GW1205钻井队在海外市场实现了精彩的亮相。

"干工作要经得起甲方检验",靠过硬的技术,优质的服务,赢得市场,赢得尊重,将铁人美名远播海外国际市场的竞争,不看谁的资历老、谁的名气大,就看谁的水平高、实力强。

从踏上海外市场的第一天起,GW1205钻井队的每个人就都铆足了劲儿,使出浑身解数,一定要干出铁人队的样来。

几年来,他们以得到甲方的满意和认可为宗旨,不断强化为甲方提供优质服务的意识,树立一切以"安全第一"为中心的理念。

工欲善其事,必先利其器。GW1205钻井队装备的是具有国际先进水平的钻机设备,队里要求各岗位管理人员认真搞好设备的维护和保养,尽量减少设备磨损,杜绝人为设备责任事故的发生，提高设备的使用率，为钻井施工的顺利进行提供可靠的硬件保障。

好设备更要有过硬的技术，国际市场的竞争，就是技术实力的比拼。

水平井施工，被钻井工人通俗地解释为：在千米地下"穿针引线"。这种"细活儿"，是对一支钻井队技术实力的综合考验，而GW1205钻井队已经在苏丹成功打了21口水平井。

2007年12月12日，GW1205钻井队开始在3/7区块打首口水平井。李新民和队员们知道，苏丹3/7区块地层软，井斜和方位不好控制，施工水平井难度就更大了。同时，他们更深知，能否打好这口水平井，既是一次挑战和考验，也是一次技术和实力的展示。

施工前，工程师曹广然和部分打过水平井的中方员工在现场组织员工学习相关知识，向雇员传授水平井施工技术和经验，并邀请甲方监督和工程师讲解技术措施和操作注意事项。与此同时，他们还向在苏丹其他区块打过水平井的队伍请教，并结合该区块的特点，制订出了一套详细的施工技术方案。在施工中，甲方监督和现场工程师下达的每一道指令，他们都仔细研究，采取稳妥的技术措施。在全队上下的共同努力下，一举拿下首口水平井。

于是，甲方开始把更多的水平井交给了"铁人队伍"。

2009年3月份，这个队又承担了首组丛式水平井的施工任务。在施工中，他们总结出钻压跟得上、变化常常想、泥沙返出量、性能怎么样、安全是第一、责任最重要的"六步"工作法，时刻提醒员工高质量完成各道工序。在这组丛式水平井的施工过程中，设备始终保持正常运转，创出设备维修率为零的新纪录。

他们用实力，一次次让甲方监督刮目相看，大庆石油人就是不一样！铁人的队伍就是不一样！

2009 年，GW1205 钻井队以出色的工程质量和信誉赢得了苏丹能矿部与甲方 PDOC 共同颁发的"钻井杯"，这是苏丹政府授予国内外钻井施工队伍的最高荣誉，铁人队伍在海外市场赢得了尊重。

与国际接轨，学习多种语言，广交各国朋友，铁人队伍里更是有了"洋"队员。

"下班比上班还要忙呢！"当记者询问 GW1205 钻井队员工在苏丹的业余生活状况时，他们给出了这样的答案。

他们到底在忙什么？

原来，除了在施工现场工作，他们还要做两件重要的事，一是学外语，二是交朋友。

外语，对于"走出去"的队伍来说是一项关键性指标。

尽管在前往海外市场前做足了准备，但来到苏丹后，李新民和队友们才发现，自己的英语还是不能完全适应闯国际市场的要求，而且仅仅学会英语是不够的，他们略带夸张地说："我们在这里面临的是如同地质条件一样复杂的语言环境。"

初到苏丹时，语言障碍和文化差异所导致的沟通与交流不畅，是困扰 GW1205 钻井队的一大难题。与甲方沟通需要英语，而井队的 20 多名雇员大都讲阿拉伯语，只有 20% 的人能听懂英语。

如果沟通问题都解决不了，顺利开展工作只能成为奢望。

GW1205 钻井队中方员工决心发扬铁人老队长的"识字搬山"精神，尽快克服语言障碍。

为了更好地与甲方沟通，中方员工互相比着学英语，有空就看、没事就听，队里还要求中方人员背会监督下达的英语指令，结合实际学习英语。短时间内，中方员工的英语沟通能力得到了大幅度提高。

与学习英语相比，学习阿拉伯语难度更大。

目前，GW1205 钻井队有中方员工 10 人，雇员 30 人，雇员属地化比例达到了 75%，但是，95% 的雇员在来队里之前都没有从事过钻井工作，这给带队伍增加了难度。

其实，学外语与交朋友是分不开的，学习语言，与雇员交流，对雇员进行"传帮带"，本身就是一个文化融合的过程。

学习是相互的，中方员工义务为当地雇员当老师，一对一，帮他们尽快熟悉施工环节，提升操作技能；当地雇员则当起了中方员工的阿拉伯语老师。

一开始，大家只能先与雇员中英语较好的人沟通，再由他转述给其他人，像拧螺丝这样简单的小活儿，也要反复教上两三次。一段时间下来，从基础的专业工具到复杂

◎ 李新民与苏丹雇员交谈

的操作程序，中方员工已经能够熟练地用阿拉伯语表达，而当地雇员的技能水平也得到了迅速提升。

4年来，GW1205钻井队培养出苏丹籍成熟司钻4名、井架工16名、钳工30名。中方员工和当地雇员也在工作生活中，结下了深厚的情意。

中方员工不但没有把学习外语、教"洋"徒弟当成负担，反而乐此不疲。他们说："多会几种语言是好事，教几个'洋'徒弟，更是非常有成就感的事。"当地雇员则告诉身边的人："中国人是朋友，GW1205是朋友！"

"大庆油田决不能走资源型企业油尽企衰的老路，必须坚定不移地'走出去'，靠生存发展空间的不断拓展，实现长远的可持续发展。"油田领导在大庆油田有限责任公司2010年市场开发工作会议上的话语，让远在万里之外的GW1205钻井队全体队员倍感责任和压力，也增添了必胜的信心。

他们把这一切化为一个信念：让"铁人旗帜"在海外市场永远高高飘扬！

（摘自《大庆油田报》2010年5月19日，第1版）

"要拿雇员当兄弟"

李新民在国内最常说的一句话就是："要拿钻工当兄弟！"到了国外，李新民的情怀没变，话却变成："要拿雇员当兄弟！"苏丹是个物资贫乏、较为贫困的国家，人民就业率低，生活质量差。李新民到了这里，眼到之处，脚触之地，都让他不由激发起了强烈的思国之情和对当地人民生活状况的忧虑之感。他认为：我们来到这里，不仅是要为了祖国打石油、占市场，更要尽可能地带动当地的

◎ 李新民教外籍员工操作规范

经济，努力帮助当地人民改善生活水平！

为了能提供多一些的就业机会，李新民总是尽可能地向甲方多申请一些岗位，多吸收一些当地百姓当雇员。不管这口井打的时间多长，也不管这些雇员干的时间长短，李新民都要在生活上悉心照顾，而且安排中方的人员通过"一带一"、"老带新"的方法手把手不厌其烦地传授技能。苏丹是个工业落后的国家，许多国民文化素质不高，学钻井技术很慢。有人劝李新民说，干不了几天就换了，费这劲儿培训值得吗？李新民却认为，让他们多学一点技能，就多一点谋生的本领，将来我们走了，他们还可以到别的地方找份好工作，可能他和他家庭的命运都因此改变了，这事无论如何要做好。

（大庆钻探工程公司供稿）

第一次在海外过年

（唐骏华　张廷伟）

每逢佳节倍思亲。GW1205钻井队职工在苏丹工作好几个月了，家中那白发苍苍的父母，望眼欲穿的妻儿都希望他们早点回到祖国，回到家中。可走出国门的GW1205钻井队今年要在国外过年，21名职工将在井场、钻台度过除夕之夜。

◎ GW1205钻井队为了改善生活，自制烤全羊

过年谁不想与亲人团聚啊！可大家都知道自己肩上的使命。

国外第一个春节怎么过？机械工程师薛文贵说："过年，要讲究个气氛，虽然井上工作不能停，但咱们也要热闹点。"电气师常宏峰插话说："对，要把井打好，也要在苏丹展示一下中华五千年传统文化，请雇员与我们一起过个中国年。"井架工王龙说："对，就让他们尝尝咱们的饺子。"项目副经理鄢福明说："咱得贴副对联，这可是在苏丹过的第一个春节呀！"

中方人员为过好春节，用中华民族的传统文化融合外方雇员，营造喜庆、热烈、友好、和谐的氛围，大家在一起讨论写一副春联。写什么呢？大家你一言、我一语，最后商定上联是：立铁人品格，中非合璧展雄风；下联是：

◎ 李新民与队友一起研究钻井资料

创一流业绩，非洲荒原树品牌。横批是：高擎铁人旗帜。整个队伍顿时沉浸在快乐的节日气氛中。

GW1205钻井队自进入苏丹3/7石油勘探区块施工以来，大家天天顶着烈日、伴着星辰，在热如蒸笼的环境下紧张地施工。在工作量大、人员紧张、困难接连不断的情况下，大家宁可多流汗、少睡觉，争分夺秒加快钻井速度。

春节期间，GW1205钻井队正在施工今年的第2口井，他们坚持以井口为中心，工作零失误为标准，人人自觉高标准、严要求。副司钻孙万国为保证设备正常运转，防止出现异常情况，每当下班后，他都要沿着巡检路线走30多遍，认真仔细检查电器设备。大年初四那天，电气师岳保国在保养顶驱设备时，发现漏油问题，可一时又看不到是哪里漏，他就一点点地排查，用了20多分钟的时间，终于找到了漏油点，保证顶驱设备安全运行。

铁人的后代们就是这样，带着各级领导、家乡父老乡亲的嘱托，以精湛的技术、聪明的才智、过硬的作风，解决了一个又一个难题；战胜了一个又一个困难。在国际市场上，高擎着铁人旗帜，延伸着铁人脚步，续写着新的篇章，叫响了铁人品牌。

（摘自《石油商报》）

功 勋 井

2007年2月，甲方在苏丹3/7区推广水平井开发，希望要一支队伍打头阵。当时3/7区块有6支井队，其他5个井队都在当地干了5年以上，最多的干了10年以上，而1205钻井队打井还不到一年。甲方作业部开始在当地选队伍，本来要用其他队伍来干，因为他们经验比较丰富。考虑到1205钻井队的设备新而且有顶驱，就打算借1205钻井队的顶驱给别的队打井。李新民一听急了，这不是打铁人队的嘴巴吗，丢不起那个人，他坚决不同意，就主动请战。当时作业部经理曹继元给李新民打电话说："你们队没打过这么困难的水平井，在国内是标杆，在国外也应当算数，打不好影响不好。第一口水平井打不好，会对甲方造成极大影响，所以内部争议很大。当标杆也得有过程，要先了解3/7区块后再打。"李新民保证打不好自己愿意承担全部责任。当标杆不能总打好井的，就得啃苦头，拿下来才是真正的标杆，甲方见他这么真情实意，最后决定把3/7区块的第一口水平井交给他们施工。

打水平井被喻为"在千米地下穿针引线"。当时队上28人，在国内只有2名工程师打过水平井。在做打井准备的时候，李新民联系国内找资料，研究打水平井的结构、工序、工具，学习如何操作，落实工程技术措施，并成立学习小组，全队进行学习。利用卫星电话、电子邮件与大庆的钻井技术专家进行联系，最终用了20多天，把打水平井的操作、结构、注意事项弄得烂熟于心，梳理出打水平井的操作要领20余条。经过充分的准备，2007年2月

28日正式开钻。

大家都憋着一口气，李新民24小时顶在井上，对每一米进尺状况都要记录、积累资料。当时，甲方监督都来这口井上看。所有技术措施1205钻井队都积极与斯伦贝谢公司协商，对要采取的必要措施都进行请教。

在造斜段每打20分钟下一个单根，都要活动一下钻具，每个根立柱要进行一次短起下钻，钻具在井里等停不过5分钟，严禁司钻溜号溜钻、误操作，各项标准参数严格按照设计来。

最终建井周期为26天，当时在国际国内都没有这样的新纪录。这口井也是3/7区块的首口水平井，斜深2050米，最大斜度90.5度，水平段670米。按甲方要求试油，日产原油6000~8000桶（1桶=0.159立方米），相当于普通直井产量的3~5倍，为3/7区上产提供了新的技术

◎ GW1205钻井队获得苏丹政府授予的"钻井杯"

支撑，开创了苏丹3/7区块打水平井的成功纪录，甲方并明确表示，如果3/7区块有水平井都由1205钻井队先打。2007年，中国石油天然气集团公司领导视察1205钻井队，称赞这口井是功勋井。

2009年，甲方把3/7区的第一组5口丛式水平井施工任务交给了1205钻井队，这是中国钻井队在苏丹施工的第一组丛式水平井，这一井组每口井间距只有12米，造斜率是每30米6度，标准很高，难度极大。为了早日啃下这5块"硬骨头"，李新民带领大家制订了23项详细措施和3套应急方案，修订钻井参数15项，被甲方监督采纳的建议13条，经过177个日日夜夜，顺利交出了5口优质井，让老外再次竖起了大拇指。

苏丹境内石油资源极为丰富，马来西亚国家石油公司、加拿大塔利斯曼公司、印度石油天然气公司等众多国际知名石油大公司将目光聚焦于此，可以说是群雄逐鹿。

"钻井杯"是苏丹政府授予国内外钻井施工队伍的最高荣誉，获得了"钻井杯"，就意味着在市场竞标、井位分配上享有优先权。"钻井杯"因此成为众多钻井队争夺的焦点。

进入苏丹市场5年来，李新民带领1205钻井队共创出23项高指标、新纪录，在苏丹大地铸起了一座座丰碑，他们是3/7区块施工水平井最多的一个队，收到甲方表扬信6封，获得上级嘉奖两次，2008年被苏丹政府授予最高荣誉"钻井杯"。他和他的团队，用硬实力、硬功夫在国际市场上叫响了铁人品牌，打造了中国石油勇闯海外的新名片！

（大庆钻探工程公司供稿）

"如果这口井我干不成，一分钱也不要你的"

五年多的闯海外经历，让李新民有了一个非常深的体会：甲方对施工过程比结果看得更重。

在钻井施工的整个过程中，甲方监督对各项钻井参数控制得非常严格，一切按指令来，就连泵冲少一冲、顶驱少一转都不行。这样做，有其科学合理的部分，可以保证钻井施工的规范化，但钻井，是在跟神秘的地层打交道，难免会有很多具体的情况要个性化的认识与处理。

2007年12月12日，GW1205钻井队在苏丹的首口水平井正式开钻，该水平井井底水平位移1023米，全井超过65度的井段长近700米，90度的井段长350米，是一口施工难度较大的水平井。在钻至井深1234米、井斜58度时，甲方要求继续增大井斜。

◎ 李新民与外籍员工一起在钻台上

在平时的工作中，李新民很尊重甲方的监督与指令，即使与自己在国内的工作要求不太一致，也积极去执行，因为这就是海外市场规则的一部分。

但是，这口井此时的情况是，地层非常硬，加到12吨钻压，进尺每小时只有1米，凭借丰富的定向井、水平井施工经验，李新民和队友们认为，这样做很危险，此时必须要活动钻具，但甲方监督坚决不同意。

李新民他们所承担的项目，是日费制，这种合作方式，最简单省心的做法，就是甲方监督要求怎么干就怎么干，一切听甲方的，反正出了问题主要责任可以归结为甲方监督。

而犟人李新民觉得，GW1205钻井队出来，不只是来挣日费，更是来树品牌，要能够持续地获得海外市场的份额，那就得有一股"把日费制当成大包井来干"的责任心，不能明明看出有重大操作失误还默不作声。

于是，一向跟甲方监督有商有量的李新民，这次异常强硬，要求按照自己对这口井的理解来进行操作，而甲方监督也是不愿退让。几次协调无果，温和的李新民拍了桌子："按我的方式来，如果这口井我干不成，一分钱也不要你的！"

惊讶之下，甲方监督最终同意活动钻具，结果确如GW1205钻井队的判断，有明显的遇卡显示，于是在接顶驱到划眼的情况下，上提30吨才解卡，避免了一起卡钻事故的发生，这样，既保住了1205钻井队的钻井速度与质量，也帮甲方监督避免了一起责任事故。

于是，李新民以及1205钻井队，在甲方那里赢得了更真诚的信任与尊重。后来，对李新民他们提出的一些意见和建议，甲方都非常信任并乐于采纳，GW1205钻井队在苏丹的井越打越顺畅。

（大庆钻探工程公司供稿）

石油老照片 追梦●圆梦

把危险留给自己

2006年，1205钻井队刚到苏丹时，苏丹极少数富裕阶层拥有别墅和汽车，而苏丹的大部分百姓至今仍然住在用牛羊皮挡风的窝棚里。90%的国民每天的收入低于国际贫困线的最底线——1美元，34%的人甚至根本吃不饱肚子。偷窃、抢劫这些现象比比皆是。虽然中国石油员工的人身安全有专业的保安公司来维护，但是一听说有人被抢劫、被绑架，还是让人毛骨悚然、不寒而栗。

◎ 李新民在苏丹井场教雇员HSE管理项点，指导穿戴呼吸器

为了安全起见，在当地施工的中国石油钻井队，都在板房内部，挖出一个大坑，埋上集装箱，里面准备充足的水、饼干等生活必需品，外面同样要包上10毫米厚的钢板。一有安全威胁的时候，可以在里面躲避。在板房外面，包上10毫米厚的钢板，以防止流弹袭击；每个板房的窗户，也都用钢板焊死，只留下门这个唯一出口。一旦有情况，可以集中力量守住门，确保板房内人员的安全。

但是，在GW1205钻井队发生的一件事，却让李新民有了新的想法。2006年7月21日凌晨两点半左右，6名黑人手持步枪闯进一个施工工地，他们先是在每个宿舍门口站了人，随后3个持枪歹徒到办公室破门进入，用枪顶住屋里的每个人，随后将屋内的保险柜抬走。整个过程近20分钟，因为各个房间之间没有及时联系，结果束手无策，任歹徒为所欲为。

受到这件事启发，李新民再组织焊窗户时，特意在自己的窗户上留了一道五六厘米的缝隙。之所以这样做，用李新民的话讲，就是在安全的时候，观察井上的情况方便；在安全受到威胁时，可以瞭望外面情况，及时向各个房间的人通报情况；既是这道缝把歹徒吸引过来，虽然自己安全受到威胁，但是也可以为队员们争取一点时间。为了确保自身安全，李新民在办公桌旁和床头分别放了一个镐把。从光滑锃亮的程度看，这两个镐把应该被抚摸过无数次，而在无数次抚摸的背后，将是无数次的安全警报和惊心动魄。李新民却开玩笑地说，我从小种地，对镐把有感情。

（大庆钻探工程公司供稿）

"焊"将门前弄焊工

在苏丹的第一口井开钻那天,李新民一早就把"GW1205"的队旗立在了营房的大门口,在井前会上对大家说:"兄弟们!此时此刻,甲方和同行都在看着我们,能否打好这口井,事关铁人队的荣辱!谁要是坚持不下来了,就回身看看这面队旗上的字!不要忘了,我们是1205,代表大庆,更代表中国!"鲜艳的队旗迎风舒展,在场的人员更加群情振奋。

李新民恨不得"一拳砸出一口井来"。随着一声轰隆隆的钻机声响彻云霄,第一口井的号角就此吹响。

◎ GW1205 钻井队全家福

◎ 李新民在钻台上

在高达50多摄氏度的炙热空气里,井场热浪滚烫,但是大家没有丝毫畏惧。顶着蚊虫叮咬、冒着脱水中暑,每天只睡四、五个小时。

细心的李新民突然发现:队里唯一的那名电焊工——"焊将"张福学走路时有些不得劲。

他知道,最近的设备焊装的活实在太多,张福学经常白天黑夜加班加点得干,这要搁到谁身上也够呛啊!

于是,就在晚上休息的时候,李新民专门去找了张福学。

刚推门进去,李新民就看到张福学一把抓过小被裹在腰上,盖住下半身,神情很慌张。

"干啥呢,张,这么晚还不睡?"

"没，没什么……队长你不也没睡吗？"平时口齿伶俐、爱开玩笑的张福学竟然有点磕巴。

"都是大老爷们，遮什么？"李新民有点好奇他今天的表现。

"没，没什么……洗脚！"

"哦，我过来看看你！"接着就把白天看见他走路异样的想法跟张福学说了，开始张福学不好意思，后来在李新民的再三逼问下，他终于说出了实情。

原来是前几天铆着劲干活，出汗太多，犯了湿疹。大腿根部刺痒难受，被裤子一磨，只能叉着腿走路。最近怕耽误井上的活，一直擦药挺着，白天一出汗就加重，下蹲焊东西更是费劲。

"刚才，是在擦药。"

得知是这种情况，李新民到队部为张福学领了些消炎药，安慰了一下，就径直奔办公室走了。路过队旗时，李新民听到烈烈的声音。

第二天，当李新民去电焊房找张福学的时候，张福学正在里面忙得团团转。趁张福学蹲下忙活的当儿，李新民迅速拿出卷尺比量了一下张福学臀部到地的距离，嘴里念叨了一声"13公分！"然后就走了。

当天晚上，电焊房里电光火石。李新民蹲在地上，小心翼翼地焊着什么东西。等一切完事后，他回到自己的宿舍，抱起枕头就又转身回到了电焊房。

等把枕头在凳面上扎牢包结实：一个10多厘米高的"软包"凳子就成形了！

当张福学从李新民手中接过凳子时，眼上露出惊讶的神情。

"我的手艺糙，焊得不好，属于在'焊'将面前弄焊工！你别见笑！"李新民笑着说。

"我都忘记这茬了，没想到新民还记着！谢谢李队长，想得太周到了！"

不仅这样，李新民还牵头组织人员在两个集装箱的夹缝中给张福学搭了个小工作间。

不久，张福学的湿疹最终完全恢复了。

事情传开，李新民"'焊'将面前弄焊工"的事使大家深受鼓舞。

大家感念队长，心向队旗，第一口井打得更加顺利。

（大庆钻探工程公司供稿）

种 西 瓜

在苏丹施工期间,刚来的伊拉克籍甲方监督穆罕默德有一个习惯,每天晚餐必须吃上几片西瓜。起初,大家以为穆罕默德只是比较爱吃西瓜罢了,细心的李新民发现,凡是晚餐没吃着瓜的穆罕默德不仅大发脾气,还把坏情绪和不满带到了工作中。根据李新民的分析,大家回想确实如此,值此大家才知道知道甲方监督对"西瓜"情有独钟。

◎ 中方员工和外籍员工在一起

"这个老外，怎么有这么一个特殊嗜好，少见。"

"现在是雨季他还能吃上西瓜，到了旱季，哼！我看他吃什么？"

"保持清醒头脑，抛却私心杂念，倡导团结互助，齐心协力把工作做好，这是我们必须要做好的。"听见员工的抱怨，李新民连忙制止。

"别忘了，办法总比困难多。"看着李新民一脸诡异的笑，大家一时非常费解。

为了不影响生产，不破坏穆罕默德的心情，队里每天都准备好西瓜，享受此待遇的穆罕默德心情格外的好，工作上也不无缘无故发脾气了。

天下无难事，只怕有心人。李新民将穆罕默德吃过的认为比较甜的西瓜的瓜籽留了下来，亲自种到了营房后的地里。您还别说，这被尼罗河水滋润过的土地还真是肥沃，西瓜秧没几天就长出来了。搬到新井后，李新民嘱咐亲信雇员按时浇水，遮护好西瓜（不让当地的鸟和动物吃了），在精心看护下，西瓜喜获"丰收"，最大的能长10多斤。每次看队里的西瓜快没了，李新民就派雇员司机到老井"溜"西瓜，每次都能抱回两三个，多余的就放在队里的"冰吧"储藏起来，大家谁也舍不得吃。在旱季也能吃上"特供"的穆罕默德非常高兴和诧异，当他得知是李新民特意为他种的西瓜，这位干了40多年钻井的老外，紧紧地拥抱着李新民，感动得流出了热泪。

（大庆钻探工程公司供稿）

1205 钻井队荣誉榜

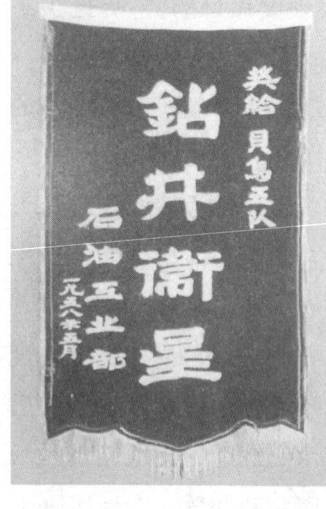
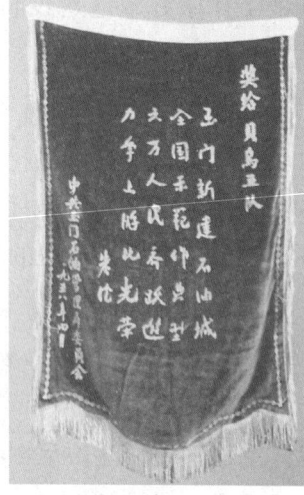

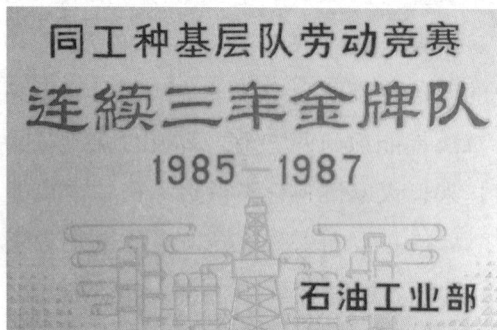

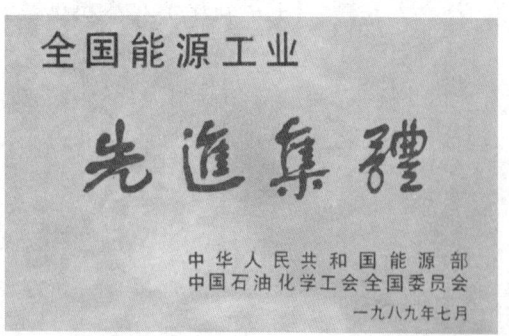

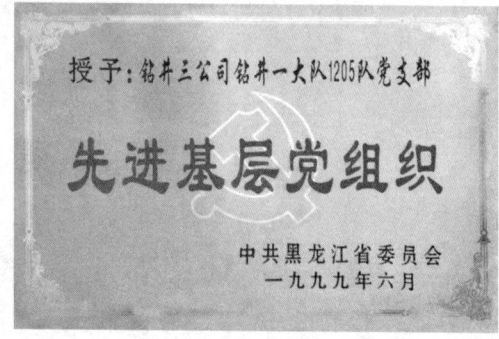

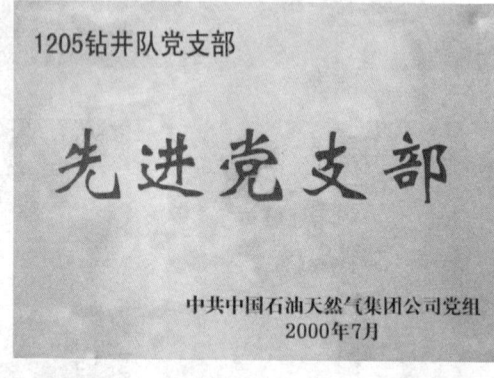

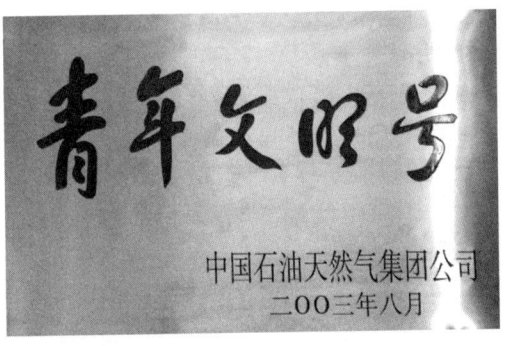
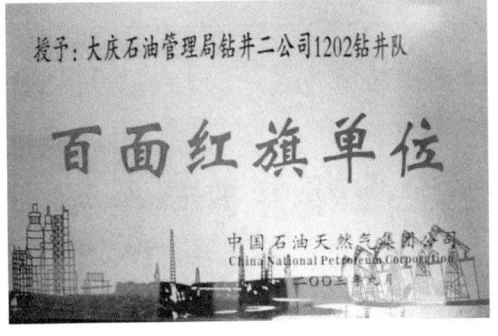

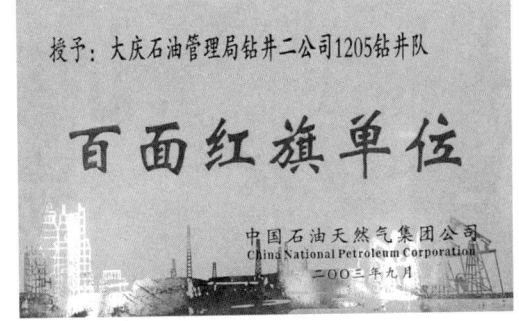

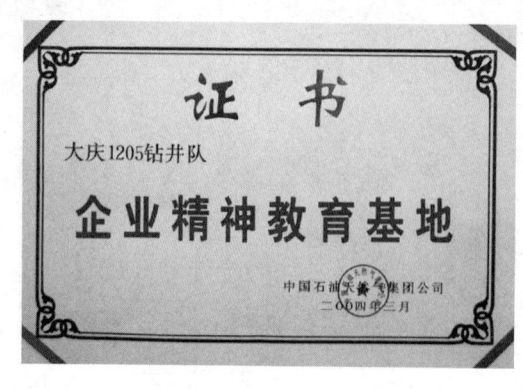
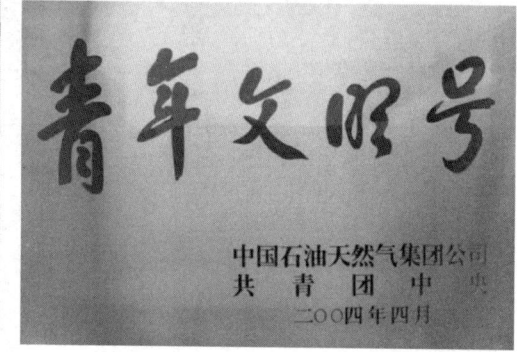
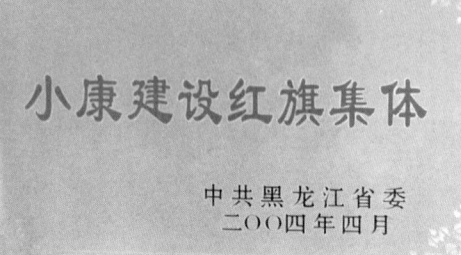
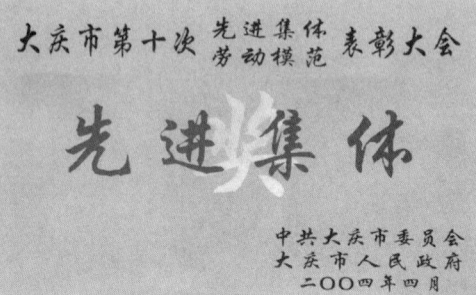
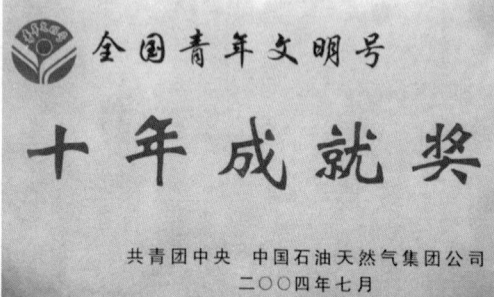

授予：钻探集团钻井二公司1205钻井队 二〇〇四年度 **先进集体标兵** 中共大庆石油管理局委员会 大庆石油管理局 二〇〇五年二月	1205钻井队 **基层建设样板单位** 中共大庆石油管理局委员会 大庆石油管理局 二〇〇五年六月
2005年度HSE"两书一表"精品大赛 **金牌示范队** 大庆石油管理局HSE管理委员会 二〇〇五年十月	钻探集团钻井二公司三分公司1205钻井队 二〇〇五年度 **先进集体标兵** 中共大庆石油管理局委员会 大庆石油管理局 二〇〇六年二月
1205钻井队 **基层建设标杆队** 中共大庆石油管理局委员会 大庆石油管理局 二〇〇六年二月	全国青年安全生产 **示 范 岗** 共青团中央 安全监管总局 二〇〇六年五月

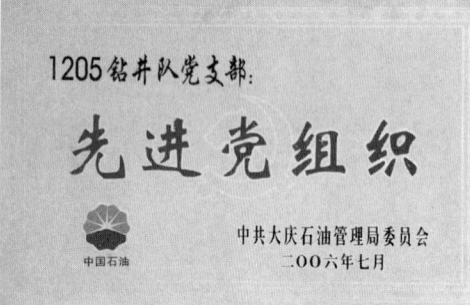

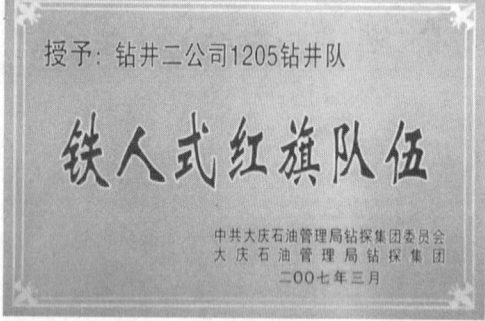
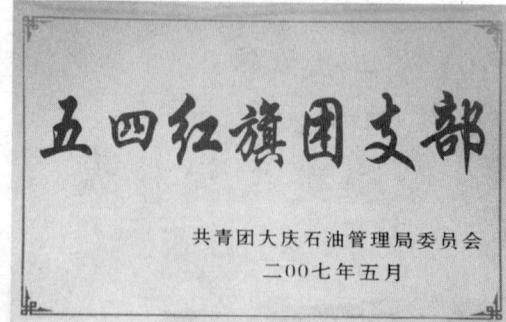

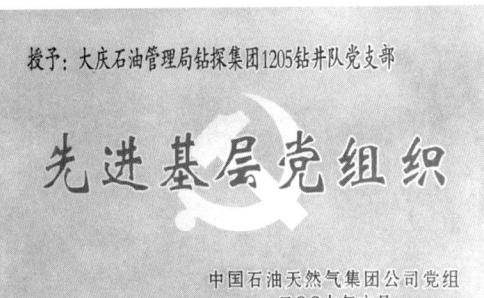
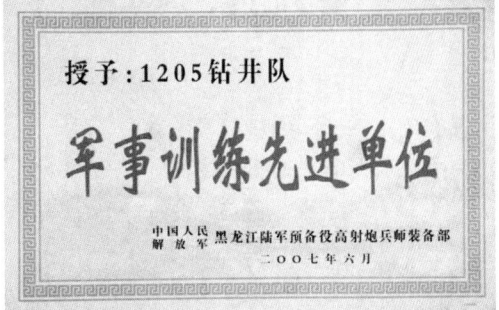

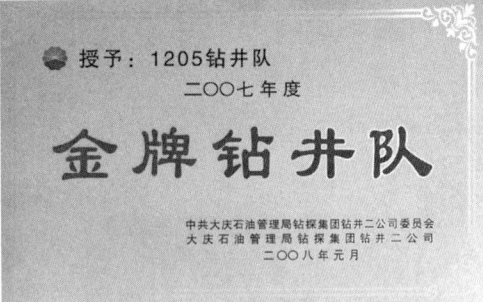
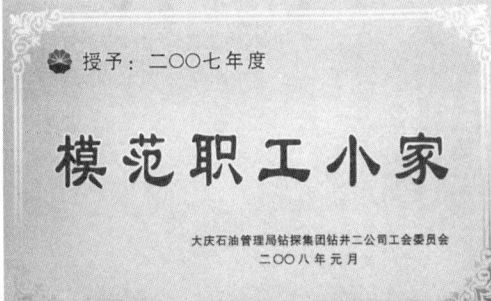

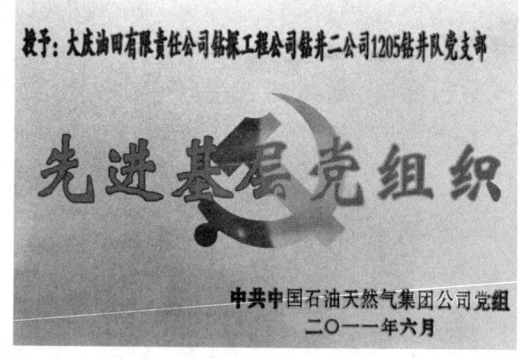

（大庆钻探工程公司提供）

后 记

《追梦·圆梦——铁人与1205钻井队》是《石油老照片》编委会为纪念铁人王进喜诞辰九十周年和1205钻井队建队六十周年而组织策划的一部书籍。主要以图文并茂的形式，从一个侧面记述"铁人"王进喜和"大庆新铁人"李新民带领1205钻井队实现从"追梦"到"圆梦"的历程。旨在传承大庆精神铁人精神，汇聚报国力量，将"爱国、创业、求实、奉献"的精神不断发扬光大。

本书的编辑出版工作得到了大庆油田有限责任公司有关部门和单位的大力支持。参加大庆石油会战的老同志给予热心指导，尽力为本书提供资料和照片。大庆油田总经理办公室积极组织协调，认真审阅稿件；大庆油田钻探工程公司、铁人王进喜纪念馆等单位及大庆相关人员祝汉强、刘仁、刘晓丽、全攀峰、李宝国、梁艳、张建国、肇启龙、白柱石、刘志文、刘振华、张雷、闫冬、张大栋等等帮助征集老故事、老照片，并对书稿进行了细致的审读；石油文史专家对稿件提出了宝贵的意见和建议。石油工业出版社有限公司专门安排编辑深入1205钻井队和铁人王进喜纪念馆进行采访，并且组织、收集、整理、编辑资料。在此，对他们的辛勤劳动表示衷心的感谢！

由于编者水平有限，难免有疏漏之处，敬请读者批评指正。

编　者

《石油老照片》长期征文活动

　　《石油老照片》丛书是一个讲述石油人自己故事的平台，以图文并茂的方式，与百万石油员工回顾激情燃烧的岁月，从一个侧面反映石油工业的发展历史。

　　1. 范围：面向全社会，特别是参加过石油会战或在石油石化系统工作过的老石油人。

　　2. 内容：反映石油工业发展历史中的重大事件、重要时刻或具有纪念意义、具有影响的事件的照片，并把照片背后鲜为人知的故事记述下来；反映个人和家庭在石油系统不同时期的照片，并把感人的故事编写成文；对石油工业发展和个人成长有纪念意义的时间、地点、人物，以及风土人情的故事讲述给大家。

　　3. 对稿件的要求：所提供的照片须是10年前拍摄的（翻拍件也可），且有一定的清晰度（精度尽量在300dpi以上）。一幅或若干幅照片介绍某个事件、某个人物、某种风物或者时尚。文章围绕照片撰写，题材主要以自述为主，也可是散文、随笔、考据、说明等。

　　编辑组对投寄来的稿件，无论刊用与否，都将妥善保管并严格实行退稿。请发电子邮件或刻录成光盘邮寄均可，每幅照片附有20～50字的说明。最后留下联系电话、地址、电子邮箱。

　　4. 稿件一旦录用，将赠送一本当期的《石油老照片》图书。

通信地址：北京市朝阳区安外安华里二区1号楼石油工业出版社
邮　　编：100011
联系人：马海峰，邵冰华
联系电话：(010)64523735，(010)64266875
E-mail：mhf@cnpc.com.cn，shaobh@cnpc.com.cn
QQ：610854452